GOTTES BOTEN UNTER UNS

WLADIMIR LINDENBERG

Gottes Boten unter uns

ERNST REINHARDT VERLAG MÜNCHEN/BASEL

Umschlagbild nach dem farbigen Piperdruck
mit Genehmigung des Verlags „Die Piperdrucke" München

ISBN 3 497 00527 4

3. Auflage 1974 (11.–13. Tausend)

© by Ernst Reinhardt Verlag in München
Druck: Offsetdruckerei Josef Hablitzel, Dachau

Bindearbeit: R. Oldenbourg, München

Printed in Germany

In memoriam
meiner Frau Dolina

INHALT

VORWORT

„Bei Gott ist kein Ding unmöglich", heißt es in der Bibel. Als Knabe ging ich einige Jahre lang in das Reformierte Gymnasium in Moskau, in dem es außer Russen viele Deutsche, Schweizer, Franzosen und Engländer gab, Kinder von Diplomaten und Industriellen. Der orthodoxe Priester, der uns Religionsunterricht erteilte, war alt und schwächlich und den lebhaften und ungezogenen Kindern nicht gewachsen. Weil er so schwach war, hatten wir keine Achtung vor ihm, in seiner Stunde gab es besonders viel Lärm und Gejohle, Papierklümpchen flogen durch die Luft und manchmal gegen die Stirn des ehrwürdigen Priesters, wenn sie aus dem Katapult eines besonders geschickten Schützen abgefeuert worden waren. Er wehrte diese Geschosse wie lästige Fliegen ab, er sagte nichts, er litt demütig und gottergeben.

Wenn ich an unsere Roheit und Herzlosigkeit zurückdenke, steigt mir die Schamröte ins Gesicht. Heute, damals nicht. Manchmal blieb der Priester aus, dann wurden wir in die Parallelklasse gewiesen, wo der evangelische schweizer Pfarrer Brüschweiler Religion unterrichtete. Er war ein aufrechter, kräftiger, gütiger, väterlicher Mensch. Man hatte sofort Vertrauen zu ihm, man gehorchte ihm und man war von seinem Unterricht gefesselt. Wenn ich von den Religionsstunden etwas in meinem Gedächtnis behalten habe, so sind es die Dinge, die ich in seinem Unterricht erfuhr. Die Dinge, die uns unser ehrwürdiger Priester beibrachte, sind aus meinem Gedächtnis vollständig verschwunden.

Zum Erstaunen der orthodoxen Schüler behaupteten auch die evangelischen oder reformierten Schüler, Angehörige fremder Völker, daß sie Christen seien. So ganz stimmen konnte das aber nicht, denn wir sahen nie, daß sie sich zum Beispiel zu Beginn oder am Ende des Unterrichts oder beim Besteigen der Trambahn oder der Kalesche bekreuzigten. Andrerseits mußten wir aber zugeben, daß wir im Unterricht von Pastor Brüschweiler sehr viel mehr Dinge aus der Bibel erfuhren als bei unserem Priester. Unter anderem wurden im Unterricht geistliche Lieder oder Kantaten gesungen, die wiederum ganz anders waren als unsere Hymnen und liturgischen Gesänge. Wir meinten damals, die unseren kämen direkt vom lieben Gott, stammten sie doch noch aus der Zeit der großen Kirchenlehrer Joann Chrisostomos und des Heiligen Basileios, sie waren so ganz anders als die Worte der Gegenwartssprache, feierlich und getragen. Die evangelischen Kirchenlieder dagegen waren in normaler deutscher Sprache verfaßt, was uns befremdete.

Wie stolz waren wir aber, als wir in dem schönen Kirchenlied: „Ich bete an die Macht der Liebe, die sich in Jesus offenbart . . .“ die Melodie unseres Komponisten Bartnjanski erkannten, die wir zum 48. Psalm: „Kol slawen nasch Gospod w Sione . . .“ singen.

Besonders gerne hatte ich aber das Kirchenlied: „Haare meiner Seele, Haare des Herrn . . .“ Das Auge und die Seele waren an die vielen herrlichen Engel Gottes auf den Fresken in den Kirchen und auf den heiligen Ikonen gewöhnt, und so fand ich es ganz selbstverständlich, daß die Haare der menschlichen Seele Ableger der Haare Gottes seien. Immer stellte ich mir die Seele als ein zartes weiß gewandetes, natürlich schlankes Gebilde mit hellblonden, lang herabwallenden, gelockten Haaren vor. Oft sah man auf billigen Farbdrucken in Kinderzimmern oder als Gravüren in Andachtsbüchern die Schutzengel so dargestellt. Sie waren seltsamerweise eher weiblich als männlich, mit langem weißem Gewand und mit wallendem blondem Haar. Sie schritten hinter einem ungestümen Kind, das über einen Brückensteg ohne Geländer lief, und hielten ihre Hände schützend über es. Solche Bilder waren das Entzücken der Kinder, und die Vorstellung vom Engel, und besonders vom Schutzengel, wurde in unserem Bewußtsein verankert.

Inzwischen war der erste Weltkrieg ausgebrochen, die russische Revolution fegte das seit Uraltem bestehende Dasein hinweg. Der Knabe Bobik wurde nach Deutschland verweht, in ein fremdes Land, in eine fremde Kultur. Inflation, Nazizeit, zweiter furchtbarer Weltkrieg folgten. Aber das Bild der blondgelockten Seele blieb unangetastet durch alle Stürme und Ereignisse in mir haften.

Es gibt Tage, an denen irgendetwas ins Leben eines Menschen tritt, irgend ein Ereignis, das eine Umkehr in der Gesinnung oder im Dasein bewirkt. Solche Tage vergißt man nie.

Ende August 1950 waren wir, meine Frau und ich, Gäste auf Schloß Brunkensen bei der gütigsten Gastgeberin, Gräfin Else von Goertz. Am Sonntag gingen wir in die schöne alte Dorfkirche, wir saßen oben in der Loge. Es waren nur einige Kinder und alte Leute zugegen. Auf der schwarzen Tafel waren die Nummern der Kirchenlieder angegeben. Ich bekam ein Gesangbuch und schlug die Nummer auf. Mein Lieblingslied: „Haare meiner Seele..." wurde gesungen. Ich lese darin, vor meinen Augen fängt es an zu flimmern. Da steht etwas ganz anderes drin, als ich es vierzig Jahre lang kannte: „Harre, meine Seele, harre des Herrn", steht da. Ich wurde ganz aufgeregt, ich zeigte der Gräfin stumm jene Stelle, das sei doch offensichtlich ein Druckfehler. Sie schüttelte ratlos den Kopf, sie wußte nicht, was mich beunruhigte, es sei doch alles ganz richtig. Ich las und las und begriff plötzlich, daß es wirklich so seine Richtigkeit hatte, daß ich also jahrzehntelang einer phonetischen Fata Morgana zum Opfer gefallen war. Ich hatte das Lied noch nie gelesen, und die „Haare" waren mir ganz selbstverständlich erschienen. Nun mußte ich, lachend und doch auch etwas traurig, Abschied von dem vertrauten Bild der blondbehaarten Seele nehmen.

Warum ich diese skurrile Geschichte, die mir nicht zum Ruhme gereicht, an den Anfang meines Buches über die Engel, die Boten Gottes, setze, obwohl es doch ein ernstes Buch zu sein scheint? Weil solche Seelenhaare und Engelsgefieder in großer Zahl durch unsere Vorstellungen schwirren und unseren Blick für die Großartigkeit und Wirklichkeit der Boten Gottes verschleiern.

DER BOTE GOTTES

Solange es Menschen gibt, gibt es auch Engel. Wer zuerst da war, der Mensch oder der Engel, ist eine müßige Frage. Alle Religionen erwähnen die guten, heilenden, beschützenden Mächte, die Engel, und die bösen, verführenden, zerstörenden Dämonen, Diaboloi — die Durcheinanderwerfer. In unserer Vorstellung sind die Engel menschenähnliche, ätherische, beflügelte Wesen, Diener und Botschafter Gottes, mehr noch, Stellvertreter Gottes, so wie die Botschafter Stellvertreter des Kaisers, des Königs oder des Staatsoberhauptes sind. Sie bringen dem Menschen Botschaften Gottes, sie greifen aber auch in sein Schicksal tätig ein und geben diesem eine Wende.

Das Leben des Menschen mag so oder anders entsprechend seinen Taten, seiner Gesinnung, seinen Begegnungen einen folgerichtigen Verlauf nehmen — an irgend einer Stelle seines Daseins wird er aber einem Boten begegnen, und diese Begegnung wird ihm zu einer Lebenswende, zu einer Metánoia, einem Einkehrprozeß werden. Es braucht nicht gerade ein Wunder oder etwas Übernatürliches zu geschehen, oft ist es nur eine Korrektur, eine Lenkung auf das Richtige hin, ein Versprechen, eine Voraussage, eine Warnung, eine Prüfung.

Gott hat verschiedene Möglichkeiten, sich dem Menschen kund zu tun. Er kann uns gewaltige, strahlende, lodernde, versengende Engel in den Weg stellen, und es bleibt uns dann keine andere Entscheidung, als zu gehorchen. Aber am liebsten verkleidet sich Gott in der Begegnung mit dem Menschen in einen Menschen, ein Tier, eine Pflanze, ein Zeichen am Wege oder gar in den Wind, das Gewitter, den Regenbogen.

In eine solche verkleidete, verborgene Begegnung eingehüllt mag die Botschaft sein, und sie ist damit zugleich auch eine Prüfung. Der Gott begegnende Mensch behält die Entscheidung: er kann den Boten und die Botschaft annehmen, er kann an ihr zweifeln und er kann sie auch brüsk zurückweisen, er kann auch, ohne etwas zu merken, an ihr vorübergehen. Es liegt ein großes Wunder darin, daß ihm das Erkennen des Boten und die Entscheidung vorbehalten bleiben. Der Mensch bleibt somit frei. Denn wenn ein sogleich erkennbarer und gewaltiger Himmelsbote erschiene, der als Engel erkennbar wäre, so bliebe keine andere Wahl als Gehorsam — etwa wie wenn ein Vorgesetzter einem

Beamten, oder ein General einem Soldaten einen Befehl erteilt. Gerade dieses Aufspüren Gottes oder Seines Boten wird zum Drama der Heilsgeschichte und der kleinen Lebensgeschichte des Jedermann.

Gewiß, immer tritt in der Bibel und in anderen heiligen Büchern der Menschheit Gott oder einer seiner Boten auf, um eine Wende im Geschick des Volkes herbeizuführen, es vor drohender Gefahr zu schützen, es aus der Gefangenschaft zu erlösen oder ihm einen großen, erlösenden Helden zu senden. Aber zunächst sind die Menschen, denen der Bote erscheint, keine Helden, nicht einmal Volksführer, Könige oder Propheten, oft sind es einfache Menschen aus dem Volke, und liest man diese wunderbaren Geschichten vordergründig, so sind es Geschichten, die auch jedem Mann der Straße begegnen könnten.

Doch das ist das Entscheidende, daß Gott immer und jederzeit auf die Menschheit, auf die Menschen, auf jeden Menschen einwirkt. Niemand weiß, ob er ein Großer seiner oder einer späteren Zeit sei oder nicht. Jeder ist groß und klein zugleich in seinem Lebens- und Wirkungsbereich, und jedes Sein ist undenkbar ohne das jederzeitige Hineinstrahlen Gottes in jeden Bezirk seines Lebens.

Warum aber erscheinen uns keine Engel mehr, oder wenn sie noch erscheinen, wird solch ein Bericht unter psychiatrischem Aspekt kritisch untersucht? Seit der Zeit des frühen Christentums erlitt der Engel einen Gestaltwandel durch den Menschen. Es geschah mit ihm das, was mir mit den „Haaren meiner Seele" geschah. Es fing mit dem Namen an. Im Hebräischen heißt der Bote „Melech" und im Griechischen „Angelos". Hätte man immer dort, wo das Wort Angelos stand, es mit „Bote" übersetzt, so hätte jeder Mensch auch Bote gelesen. Angelos aber, mit Engel übersetzt, ist für uns ein esoterisches Wesen, ein nicht-körperlicher beflügelter Genius, der zu den oberen Zehntausend Gottes gehört, ein Vollzieher des Willens Gottes.

Solche gewaltigen und geheimnisvollen Diener Gottes werden in der Bibel als Cherubim und Seraphim, als Mächte und Räder beschrieben, sie sind aber nicht identisch mit den Boten, zu denen man auch die Erzengel rechnen sollte. Der Begriff „Bote" muß also nicht unbedingt mit dem Bild des unkörperlichen Engels verknüpft werden.

Das Alte Testament und der Islam verbieten Darstellungen Gottes und des Menschen in der bildenden Kunst. Das Christentum dagegen entfaltete eine großartige religiöse bildnerische Kraft. Die Engel Gottes sind eines der anziehendsten Objekte dieses darstellenden Triebs. Sie bevölkern die christliche Ikonographie. Drei Engel, die in der Orthodoxie die Dreifaltigkeit repräsentieren, sitzen im Haine

Mamre bei Abraham zu Tisch, Jakob mit dem Engel ringend, der Engel vor Bileam und seinem Esel, der Erzengel Raphael unterwegs mit Tobias, Engel an der Krippe des Heilands, der Engel der Verkündigung. Die Welt der Heilsgeschichte ist geradezu voll von Engeln. Anfänglich und später im Barock sind sie weiß gewandet, oft aber tragen sie die byzantinischen Gewänder der Fürsten oder der Hohenpriester, sie sind esoterische Personen von höchstem Stand.

In der östlichen Ikonographie haben die Engel ihre Würde als Botschafter bis in die heutigen Tage behalten. Im Westen aber begannen sie bereits in der Spätgotik und der Frührenaissance zu entarten, im Barock feierten sie in den Puttoengelchen, die die Altäre umschweben, das höchste Maß an Degeneration. Sind solche geflügelten Babys und Kleinkinder wirklich noch die gewichtigen Botschafter, die dem Menschen eine Kunde Gottes überbringen sollen? Man erbaute sich an ihnen, man wurde aber nicht mehr von ihnen ergriffen. Das Wort, das sie ihrer Kunde voransetzten: „Fürchtet euch nicht!", mußte angesichts solcher Engelwesen bedeutungslos werden.

Seit Luthers Reformation las der evangelische Christ die Bibel, und obwohl er sie las, kam er offenbar nicht hinter den Sinn des Wortes Engel, der gewaltiger ist als die durch Bilder geprägte Vorstellung. Die meisten Menschen bezogen ihre Kenntnis der Bibel aus dem Katechetenunterricht, und die Religionslehrer interpretierten sie so, wie sie selber es gelernt hatten. Sie sprachen von den Erscheinungen der Engel.

Man sah also in Bild und Wort den geflügelten Engel. Dieser Engel ist, obwohl wir zu den Kindern gerne vom Schutzengel reden, uns fern gerückt und fremd geworden. Wir erwarten nicht mehr, daß er plötzlich, lieblich oder warnend vor uns erscheine.

Mit den Engeln ging es mir genau so wie mit den Haaren meiner Seele. Ich glaubte an sie, weil ich es von Kindheit an gewohnt war, aber es war eine gewisse Leere in diesem Glauben. Eines Tages las ich in einem meiner liebsten Bücher, in den „Chassidischen Büchern" von Martin Buber, eine Stelle, die mich stutzig machte, ich las sie immer und immer wieder und brauchte Zeit, um sie zu begreifen. Da fragt ein Schüler seinen Meister, warum Abraham eine größere Rolle in der Heilsgeschichte zugefallen sei als Lot, beide hätten doch die Engel beherbergt. Und da gibt der Meister die Antwort: zu Abraham seien abends drei staubige und müde Männer gekommen, und er hätte in ihnen Engel Gottes erkannt.

Die Ikone der drei Engel, die unser größter Ikonenmaler Aleksei

Rublew so schön gemalt hat, und ungezählte Ikonen in den Häusern und in den Kirchen zeigen immer drei geflügelte Männer vor einem Tisch, der den Altar darstellt, in der Mitte ein Kelch, der auf den kommenden Christus hinweist. Wieso waren es denn drei staubige Männer? Dabei war ich doch überzeugt, daß ich mich in der Bibel einigermaßen auskenne. Ich griff zur Bibel und schlug die entsprechende Stelle auf, ich las sie. Es waren staubige Männer; dann holte ich die slavonische Bibel, vielleicht stand es dort anders, aber nein, auch dort war nur von drei staubigen Männern die Rede, dasselbe fand ich in einer katholischen Bibel. Von geflügelten Engeln keine Spur. Die Boten waren Männer, und Abraham hatte in den Wanderern Gott erkannt!

Wie die blondgelockten Haare von der Seele, so fielen einige Hüllen von meinen geistigen Augen und ich begann zu begreifen, was die Begegnungen mit Engeln, mit Boten Gottes, wirklich zu bedeuten hatten und wie sie vor sich gingen.

Es fiel mir nicht schwer, es zu begreifen, denn ich stamme aus einem Lande, in dem der Mensch Gottes Nähe noch ganz deutlich erlebt hat. Im vorrevolutionären Rußland lebten die gläubigen Menschen in der ständigen Erwartung der Begegnung mit Christus oder seinen Boten. Gewiß gibt es in der orthodoxen Theologie die gleiche eschatologische Erwartung der letzten Dinge und des kommenden Himmelreichs. Aber das ist eine Sache der Theologie. Das Volk wußte es anders. Im Volk war ein anderes Wort Christi mächtig, und das hieß: „Siehe ich bin bei euch alle Tage bis an der Welt Ende." Und lebendig war uns allen noch ein anderes Bild — ein Mann, der mit zwei Jüngern Jesu eine lange Wanderschaft nach Emmaus unternimmt. Sie sind erfüllt von dem tragischen Geschehen der Kreuzigung ihres Meisters, sie sind auf der Flucht, ihr Geist ist betrübt, und sie sind froh, zu dem dritten, Unbekannten von ihrem Kummer sprechen zu können. Und als er sich, in Emmaus angekommen, von ihnen verabschieden will, bitten sie ihn: „Bleibe bei uns, denn es will Abend werden und der Tag hat sich geneigt!", und er bleibt. Und als er beim Mahl den Segen spricht und das Brot bricht, da erst erkennen sie ihn.

Dieser unter einem Schleier verborgene Heiland ist unterwegs, er geht von Haus zu Haus und begegnet den Menschen in irgendeiner Gestalt. Und jeder fragt sich bei jedweder Begegnung mit einem Menschen: „Ist es vielleicht Er?" Aus solcher Gesinnung entsteht ganz von selbst Weihe und Wärme in den gegenseitigen Beziehungen. Etwas von dem Wort des engelgleichen Isaak Sirin wird Wirklichkeit:

„Wann erfährt der Mensch, daß sein Herz Reinheit erlangt hat? Wenn er alle Menschen als rein und makellos ansieht und niemanden einer Unlauterkeit bezichtigt, dann ist sein Herz wahrhaft rein."

Gott wird in jedes Tun einbezogen. Beim Aufstehen, beim Ankleiden, beim Essen, beim Besteigen eines Fahrzeugs, bei jeder Arbeit sagt der Gläubige: „Gospodi blagoslowi!" „Herr segne!" So steht Gott in der Mitte alles Seins, alles Tuns, aller Dinge. Der so eingestellte Mensch ist geborgen und kann aus Gottes Hand gar nicht herausfallen, denn er weiß sich von dieser Macht immer umgeben, im Guten und in der Not. Er weiß sich auf dieser Erde Gottes als Gast, und er weiß um seine Wanderung von der Geburt zum Tod, zum frohen Tod, als Losbindung von den Fesseln einer anfälligen Leiblichkeit.

So wie es in meiner Heimat viele christliche Jahrhunderte lang war, so war es vor Jahrhunderten in Palästina, so war es im Urchristentum. Gott war nahe, auf Tuchfühlung, und noch mehr, innen drin in den Menschen, in den Dingen, sie standen in Seiner Gegenwart. So ist es im Hinduismus, wenn der Gläubige das „tat twam asi" spricht: „ich bin du" und sich mit Gott und mit den anderen Wesen identifiziert.

Aus solcher Gottnähe spürt man den „zufälligen" Begegnungen nach, wieviel sie von Gott enthalten, und solches Eingestelltsein auf Gott läßt den Menschen erkennen, wann Gott durch einen anderen Menschen, durch ein Kind, einen Greis, einen Verwandten, sogar die eigene Schwiegermutter, einen Bettler oder Wanderer, einen fernen Briefschreiber, und nicht nur das, auch durch die Begegnung mit einem Tier oder gar mit einem Gegenstand zum Menschen spricht, ihm eine Kunde, eine Weisung, eine Warnung zukommen läßt. Der geistig Blinde geht an solchen Botschaften vorbei, der Sehende spürt sie mit seinem Herzen und erfaßt, daß die Botschaft von einem „Boten", einem Angelos, kommt.

Seitdem hat sich in der Welt nichts geändert. Die Menschen sind da und Gott ist da, und immerzu spricht Er zu uns und gibt uns Zeichen. An uns liegt es, ob wir noch Seine Sprache verstehen. Verblendet durch die jahrhundertelange falsche Interpretation des Engels haben wir in unserem Rationalismus und unserer stofflichen Gebundenheit resigniert, einem gefiederten Engel zu begegnen, und ahnen nicht, daß Gott ihrer für eine Mitteilung gar nicht bedarf und auch nicht bedurfte, denn jene, die wir aus Verblendung für gefiederte Engel hielten, waren oft Menschen, derer Gott sich bediente. Es waren ich und du, jeder ist irgendwann, oft oder selten, mit oder ohne eigenes Wissen ein Überbringer einer Botschaft Gottes. Je mehr der Mensch auf Gott hin lebt, was seine ureigenste Bestimmung ist, um so mehr wächst er in die Funktion des Boten Gottes, des Engels hinein.

In der Orthodoxie ist dieses Streben noch ganz lebendig. Es gab und gibt noch die Ehrfurcht und Achtung vor dem „Heiligen": einem, der den Pfad zu Gott wandelt und von dem man spürt, daß er Gott näher und lieber ist als man selbst mit seinen schwachen Gaben. Dieses Bedürfnis nach Kontakt mit einem Starez, einem verehrten Mönch oder Einsiedler oder Wanderer, war so groß, daß das ganze Volk, vom Großfürsten bis zum letzten Bettler, unterwegs war, um seine eigene Seele im Lichte des anderen baden zu lassen. Nicht der Politiker oder der erfolgreiche Industrielle, der berühmte Schriftsteller oder Philosoph — der schlichte besitzlose Starez war das Vorbild für Millionen, und er war es nur, weil er in sich selbst den harten Weg vom Tier zum Engel bis an die für den Menschen erreichbare Schwelle erklommen hatte. In der Orthodoxie gibt es einen Heiligkeitsgrad, den man „Prepodobnyi" nennt; das bedeutet übertragen etwa: „so weit als möglich engelgleich".

Wir haben uns von dem Bild des Engels als Boten Gottes sehr weit entfernt, und die Engel der Throne Gottes sind uns fremd geworden. Aber wir können nicht leben, ohne nach dem Urbild des Engels zu suchen, das in uns vorgebildet ist, und wir suchen, tastend und verschleierten Blicks, nach der Verwirklichung jenes Vorbilds. Ein Großer und Begnadeter unserer Zeit, der Forscher und Jesuitenpater Teilhard de Chardin, kam auf Grund seiner Forschungen der Paläontologie und auf Grund von Erleuchtungen zu der Konzeption, daß die Menschheit, trotz aller fürchterlichen Rückschläge in die Barbarei, sich langsam und stetig aus der Verfangenheit an das Tierische zum Bild des Engels, des höchst spiritualisierten Menschen hin entwickelt und daß am Ende dieser Entwicklung der Engel im Menschen steht.

Spricht doch Christus mit solcher Eindringlichkeit vom Leuchten in uns. Und wir wissen auch, was dieses Leuchten bedeutet. Es ist keine Frage der elektrischen Spannung, aber es ist eine Frage der Beziehung zu Gott, der Vergeistigung, der inneren, reinen Freude. Leuchten kann nur ein Liebender, ein Schenkender, ein Reiner, ein Demütiger, ein Froher, ein Glücklicher. Jeder von uns hat dieses Leuchten eines anderen erlebt, und sei es, wenn er verliebt war und dem Objekt seiner Liebe das Leuchten entlockte. Und ist nicht schon in dem Einander-Zulächeln, dieser engelhaften Eigenschaft des Menschen, die den Tieren versagt wurde, ein Leuchten? Wie sagt Franz Werfel so wunderbar: „Lächeln ist keine Falte, Lächeln ist Wesen vom Licht."

„Metánoia", von der Jesus spricht, bedeutet Umdenken, Verwandeln. Es bleibt alles beim Alten, die Dinge werden nicht von ihrem Platz gerückt, aber einige Schleier, die unseren Blick vernebeln, werden hinweggetan, und siehe, diese gleiche Welt mit den gleichen Menschen, Dingen, Begebenheiten und Schicksalen erscheint in einem anderen Licht, und wenn das geschieht und wir das lernen, dann sind wir selbst andere geworden. Und wir erleben dann, daß zwischen den Dingen, zwischen jeder Begegnung, jedem Ereignis, zwischen uns und der Welt eine unsichtbare Fuge ist, und diese Fuge ist Gott, er ist immer und überall dazwischen. Lernen wir das begreifen, dann öffnen wir uns für die Botschaft und für die Boten Gottes.

In diesem Buch möchte ich zunächst einige Geschichten von Begegnungen mit Boten Gottes, so wie sie in der Heiligen Schrift dargelegt sind, niederschreiben. Eine echte Fortsetzung dieser Geschichten sind die Legenden des russischen Volkes, wie Tolstoi sie aufgeschrieben hat. Dann aber möchte ich aus der Fülle des Erlebten von heute und gestern, von mir und Freunden und Bekannten erzählen, wo im privateren Bereich sicherlich, aber nicht minder entscheidend Begegnungen mit Boten stattfanden.

ABRAHAM UND DIE DREI BOTEN

Im 17. Kapitel der Genesis wird erzählt, daß Gott Abram erscheint. Die Erscheinung wird nicht näher beschrieben. Aber Gott errichtet einen Bund mit Abram und seiner ganzen Nachkommenschaft. Als Zeichen des Bundes gilt die Beschneidung aller männlichen Nachkommen. Wer fortan nicht beschnitten ist, gilt als Außenseiter, als nicht Dazugehöriger. Der Name Abram wird in Abraham umgewandelt, das heißt „Vater einer Völkermenge". Sein Weib Saraj soll fortan Sara heißen, das bedeutet „Königin", denn aus ihrem Schoße werden Könige entstehen. Ein Sohn wird Sara verkündet.

„Abraham fiel auf sein Angesicht nieder und lachte. Er dachte nämlich in seinem Herzen: »Soll etwa einem Hundertjährigen noch ein Kind geboren werden? Oder soll die neunzigjährige Sara noch gebären?« ... Als er seine Rede mit ihm vollendet hatte, stieg Gott auf und verschwand vor Abraham."

Abraham wurde also die Geburt Isaaks durch Gott selbst angekündigt. Trotzdem wagte er, darüber zu lachen, weil ihm diese Vorstellung, mit hundert Jahren einen Sohn zu zeugen, skurril vorkam.

Nun aber wird im 18. Kapitel erzählt: „Der Herr erschien ihm bei den Eichen von Mamre; er saß gerade an dem Zelteingang zur heißen Tageszeit. Seine Augen erhob er, und siehe, da standen drei Männer vor ihm. Als er sie erblickte, lief er ihnen vom Zelteingang entgegen und beugte sich tief zur Erde nieder. Er sprach: »Meine Herren, habe ich Gunst vor euch gefunden, so eilet doch nicht an eurem Knecht vorüber. Es werde ein wenig Wasser geholt, wascht eure Füße und ruht unter den Bäumen aus. Ich hole einen Bissen Brot; labet euch dann und wandert nachher weiter; denn darum seid ihr ja an eurem Knechte vorübergewandert.«

Sie sprachen: »Tue wie du gesagt hast.« Da eilte Abraham in das Zelt zu Sara und sprach: »Eile dich! Nimm drei Maß Mehl, und zwar Grießweizen, knete es und backe Kuchen.«

Er selbst lief zur Rinderherde, suchte sich ein zartes und schönes Jungrind und gab es dem Knechte; der beeilte sich, es zu bereiten. Er holte Sahne und Milch und das hergerichtete Jungrind und setzte es ihnen vor. Er stand unter den Bäumen, während sie aßen. Dann fragten sie: »Wo ist dein Weib Sara?« Er antwortete: »Hier im Zelt.«

Der Herr sprach weiter: »Gewiß werde ich dich übers Jahr wiederum besuchen, dann hat dein Weib Sara einen Sohn.« Sara aber horchte im Zelteingang hinter ihm ... Sara lachte in sich hinein und sprach: »Ich bin doch verblüht; da soll mir noch Liebeswonne werden? Und mein Herr ist auch ein Greis.«

Der Herr sprach zu Abraham: »Warum hat Sara denn gelacht? ... Ist für den Herrn etwas unmöglich? Übers Jahr zur festgesetzten Zeit kehre ich zu dir zurück; dann hat Sara einen Sohn.« Sara versuchte zu heucheln und sprach: »Ich habe nicht gelacht.« Denn sie fürchtete sich. Er aber sprach: »Doch, du hast gelacht!« Von dort erhoben sich die Männer und blickten nach Sodom hinüber."

Wenn man die Geschichte liest, wie sie geschrieben ist, so ersteht daraus das Bild von drei staubigen Männern, die sich dem Zelt nähern. Es können Feinde oder Freunde sein, und es können Gottes Boten sein. Nach der Sitte läuft der Wirt ihnen entgegen, verneigt sich bis zur Erde vor ihnen, wäscht ihnen die staubigen Füße, bittet sie zur Rast und bereitet ihnen das Beste, was er hat. Und sie essen es. Sie verkünden die Botschaft Gottes. Wenn Sara in ihnen Engel Gottes erkannt hätte, hätte sie nicht gelacht. Für sie waren es nur müde Wanderer. Abraham, der durch die Erscheinung Gottes bereits unterrichtet war — auch er hatte damals gelacht —, mag die Größe und Tiefe der Kundschaft begriffen haben.

Weiter heißt es in dem Bericht: „Von dort erhoben sich die Männer und blickten nach Sodom hinüber. Abraham schritt mit ihnen, sie zu geleiten ... Dann sprach der Herr: »Das Klagegeschrei wider Sodom und Gomorra ist groß; ihre Sünde ist überaus schwer. Ich will hinab und sehen, ob das Klagegeschrei, das zu mir gedrungen ist, ihren Taten entspricht oder nicht. Ich muß mich darum kümmern.«

Die Männer wandten sich von dort gen Sodom. Abraham stand immer noch vor dem Herrn. Abraham trat näher und fragte: »Willst du wirklich Fromme und Frevler dahinraffen? Vielleicht sind fünfzig Fromme in der Stadt; willst du sie wirklich vertilgen? Willst du dem Orte nicht lieber verzeihen um der fünfzig Frommen willen, die in der Stadt sind? Fern sei es von dir, also zu handeln, Fromme zusammen mit Frevlern zu töten! Dann müßte ja der Fromme gleich dem Frevler sein; das sei ferne von dir! Muß nicht der ganzen Welt Richter das tun, was recht ist?«

Da antwortete der Herr: »Wenn ich in der Stadt fünfzig Fromme finde, so will ich dem ganzen Ort um ihretwegen vergeben.« ..."

Nun merkt Abraham, daß er mit der Zahl fünfzig vielleicht zu hoch gegriffen hat, und in der typischen Weise des Orientalen beginnt er mit Gott zu handeln. Aber welch einen Sinn für Gerechtigkeit und welch einen sittlichen Mut muß ein Mann haben, um eine solch entschiedene Sprache mit Gott zu reden!

„Abraham entgegnete und sprach: »Siehe, ich war darauf erpicht, zu meinem Herrn zu reden, wiewohl ich nur Staub und Asche bin. Vielleicht fehlen an den fünfzig Frommen nur fünf. Willst du um dieser fünf willen die ganze Stadt vernichten?« Er aber sagte: »Nein, sofern ich dort fünfundvierzig finde.«

Er fuhr weiter fort mit ihm zu reden und sprach: »Vielleicht finden sich dort nur vierzig?« Er erwiderte: »Ich will es nicht tun um dieser vierzig willen.«

Darauf jener: »Zürne doch nicht, mein Herr, wenn ich weiterrede, vielleicht finden sich dort nur dreißig.« Er meinte: »Ich will es nicht tun, wenn ich dort dreißig finde.« Da sprach er: »Ich war darauf erpicht, mit meinem Herrn zu reden. Vielleicht finden sich dort nur zwanzig.« Er antwortete: »Ich will nicht vernichten um der zwanzig willen.« Darauf jener: »Zürne doch nicht, mein Herr, nur noch dieses eine Mal will ich reden. Vielleicht finden sich dort nur zehn.« Er sagte: »Ich will nicht vernichten um der zehn willen.«

Als er das Gespräch mit Abraham beendet hatte, ging der Herr hinweg. Abraham jedoch kehrte an seinen Ort zurück.“

JAKOBS KAMPF MIT DEM UNBEKANNTEN

Großartig wird im 32. Kapitel die Begegnung Jakobs und sein verzweifelter Kampf mit einem unbekannten Mann, in dem er später Gott erkennt, geschildert. Jakob diente verabredungsgemäß sieben Jahre seinem Onkel und Schwiegervater Laban, weil er für diesen Lohn dessen Tochter Rachel, die er liebte, heiraten wollte. Aber der Schwiegervater betrog ihn und unterschob ihm in der Hochzeitsnacht die ältere Tochter Lea. Dann diente Jakob dem Laban weitere sieben Jahre, um Rachel heiraten zu können. Nach zwanzig Jahren, in denen er von Laban reichlich ausgenutzt wurde, entschloß er sich, sich von dem unredlichen Schwiegervater zu befreien. Sie betrogen sich weidlich gegenseitig, zuletzt stahl Rachel noch die Hausgötzen des Laban. So begaben sie sich mit Frauen und Kindern und einer riesigen Herde auf die Flucht. Jakob beschloß zu seinem Bruder Esau zu ziehen und sich mit ihm auszusöhnen. Zu diesem Zwecke sandte er Männer mit reichen Geschenken zu dem Bruder.

„Noch in jener Nacht erhob er sich, nahm seine beiden Frauen, seine beiden Mägde und seine elf Kinder und durchschritt die Furt des Jabbok. Er nahm sie und setzte sie über den Fluß, desgleichen schaffte er all sein Eigentum hinüber.

Jakob blieb für sich allein. Es führte ein Mann einen Ringkampf mit ihm bis zum Beginn der Morgenröte. Er sah, daß er ihn nicht besiegen konnte. Jener berührte die Gelenkpfanne an seiner Hüfte. Da wurde das Hüftgelenk Jakobs ausgerenkt, während er mit ihm rang.

Jener sprach: »Laß mich los! Denn die Morgenröte steigt auf.«

Dieser antwortete: »Ich lasse dich nicht, du segnest mich denn.«

Darauf der andere: »Wie heißt du?« Dieser: »Jakob«.

Jener fuhr fort: »Nicht Jakob, sondern Israel soll fürderhin dein Name sein; denn mit Gott und mit Menschen hast du gestritten und dabei den Sieg erfochten!«

Nun fragte Jakob: »Tu mir auch deinen Namen kund.« Jener erwiderte: »Warum fragst du mich nach meinem Namen?« Er segnete ihn daselbst.

Jakob nannte dieses Ortes Namen: »Penuel« (Gottes Angesicht), »denn ich habe Gott von Angesicht zu Angesicht gesehen, und mein Leben ist doch erhalten geblieben«."

Jakobs Kampf mit dem Engel
Darstellung auf einem geschnittenen Glasbecher, Nürnberg um 1670
Glassammlung Helfried König, Mülheim/Ruhr

GOTT RUFT SAMUEL

Im Buch Samuel wird erzählt, daß Elkanas Weib Anna kinderlos war. Immer betete sie im Tempel um die Gewährung eines Kindes. Dabei bewegte sie die Lippen. Der Priester Heli, der das sah, machte ihr Vorhaltungen, weil er glaubte, sie sei betrunken. Sie klagte ihm ihr Leid. Er tröstete sie, sie würde einen Knaben gebären. Sie gebar den Samuel und versprach ihn Gott. Sie brachte ihn zum Priester Heli, damit er beim Gottesdienst mitdiene.

„Der junge Samuel diente weiter dem Herrn unter der Aufsicht Helis. Des Herrn Wort war etwas Seltenes in jenen Tagen. Gesichte waren nicht verbreitet. Eines Tages schlief Heli an seinem Ruheplatz. Seine Augen begannen ausdruckslos zu werden und hatten nicht mehr die volle Sehkraft. Der Leuchter Gottes war noch nicht erloschen, und Samuel schlief im Tempel des Herrn, wo die Lade Gottes war. Da rief der Herr den Samuel und dieser antwortete: »Hier bin ich!« Er lief zu Heli und sprach: »Hier bin ich! Du hast mich ja gerufen!« Jener sprach: »Ich habe nicht gerufen, schlafe weiter.« Er ging und legte sich nieder.

Da rief der Herr Samuel abermals. Samuel stand auf und ging zu Heli und sprach: »Hier bin ich, du hast mich doch gerufen!« Doch jener entgegnete: »Ich habe nicht gerufen, mein Sohn! Lege dich wieder schlafen!« Samuel kannte den Herrn noch nicht. Ein Wort von ihm war ihm noch nicht enthüllt worden.

Da rief der Herr den Samuel zum drittenmal. Er stand auf und ging zu Heli und sprach: »Hier bin ich, du hast mich doch gerufen!« Da ahnte Heli, daß der Herr den Knaben rufe. Heli sprach zu Samuel: »Gehe und schlafe weiter. Und wenn er dich ruft, antworte: ›Rede, Herr, dein Knecht hört!‹« Samuel ging hin und legte sich auf seine Schlafstätte.

Da kam der Herr, trat hin und rief wie vormals: »Samuel, Samuel!« Samuel antwortete: »Rede, denn dein Knecht hört!« Da sprach der Herr zu Samuel: »Siehe, ich richte etwas in Israel an, daß jedem, der davon erfährt, beide Ohren gellen werden« . . .“

Hier ist es keine Gestalt, die dem Knaben begegnet, nur eine Stimme, die so klar und eindringlich ist, daß der Knabe sich dreimal zu seinem Priester begibt im Glauben, dieser habe ihn gerufen. Es war eine Zeit der Säkularisation und der Gottferne, man hatte es lange

Bis zum letzten Augenblick war es Jakob nicht bewußt, daß er mit Gott kämpfte. Wissend darum hätte er diesen ungleichen Kampf auch nicht begonnen. Aber welch verbissene stille Gewalt des Kampfes scheint durch diese Worte der Bibel durch!

nicht mehr gehört, daß Gott jemandem erschien oder zu einem sprach. Doch ahnte der Priester Heli, daß es die Stimme Gottes sein könnte, und empfahl dem Knaben, der Stimme zu antworten.

Auch wir stehen in einer gottfernen Zeit, wir sehen seine Zeichen nicht und hören seine Stimme nicht. Und dennoch gibt es noch häufig Stimmen, die zu den Menschen sprechen und die von diesen als absolute Wirklichkeit erlebt werden. Ob es immer Stimmen Gottes sind? Wir pflegen das Phänomen des Stimmenhörens dem Krankheitsbild der Schizophrenie zuzuschreiben, weil wir uns so weit von der Wahrnehmung der Stimme Gottes entfernt haben, daß wir jedes Stimmenhören unter dem Aspekt einer Geisteskrankheit sehen.

DIE DREI JUNGMÄNNER IM FEURIGEN OFEN

Die ersten Vorbilder der späteren christlichen Märtyrer in ihrer Glaubensstärke und ihrem Vertrauen auf Gott sind die vier jüdischen Jünglinge aus königlichem oder adeligem Geschlecht, die als Gefangene und Höflinge an den Hof des Königs von Babylon Nebukadnezar geholt wurden. Es war um 600 vor Christi, als die Juden sich in babylonischer Gefangenschaft befanden. Es sind Daniel, Chananja, Mischael und Asarja. Nebukadnezar ließ ein goldenes Götzenbild anfertigen und verlangte, daß alle sich vor dem Standbild niederwerfen. Jenen, die nicht die Ehrbezeugung erweisen wollten, wurde angedroht, daß sie in einen glühenden Ofen geworfen würden.

Die drei jüdischen Jünglinge aber weigerten sich, vor dem Götzenbild niederzuknien. Das wurde sofort dem König hinterbracht. Er befahl sie zu sich und ermahnte sie, er verlangte von ihnen die befohlene Ehrenbezeugung.

„Sadrach, Mesach und Abednego, wie Chananja, Mischael und Asarja auf Babylonisch genannt wurden, antworteten dem König Nebukadnezar: »Wir haben nicht nötig, darauf überhaupt ein Wort zu erwidern. Wenn unser Gott, den wir verehren, imstande ist, uns zu befreien, wird er uns aus dem Brennofen und aus deiner Gewalt, o König, erretten. Tut er es aber nicht, so sei dir, o König, kund, daß wir deinen Gott nicht verehren und das von dir errichtete goldene Standbild nicht anbeten werden«.“

Es fällt auf, in welch unaggressiver, aber bestimmter Weise die jungen Männer dem König Bescheid erteilen. Sie schmähen nicht seinen Gott, sie bekunden nur die eigene Treue zu ihrem Gott.

„Da ward Nebukadnezar über Sadrach, Mesach und Abednego von Wut erfüllt. Sein Gesichtsausdruck entstellte sich. Er befahl den Ofen siebenmal stärker als gewöhnlich zu heizen . . .“ Nun wurden diese Männer in ihren Überhosen, Schuhen, Mützen und sonstigen Kleidungsstücken gebunden und in den glühenden Ofen geworfen. Mitten in der Feuerflamme wandelten sie einher. Sie lobsangen Gott und priesen den Herrn.

„Der Engel des Herrn war zugleich mit den Genossen des Asarja in den Ofen hinabgestiegen und trieb die Feuerflammen aus dem Ofen hinaus. Das Innere des Ofens machte er kühl, wie wenn der Tauwind hindurchgeht. Das Feuer erfaßte sie überhaupt nicht, fügte ihnen keinerlei Leid zu und belästigte sie nicht. Da hoben die drei im Ofen wie aus einem Munde an, Gott einen Lobgesang zu singen, ihn zu verherrlichen und zu preisen."

Hier folgt eine der schönsten Hymnen, wie sie uns später in der orthodoxen und katholischen Kirche als Litaneien bekannt sind.

„Nebukadnezar hörte, wie sie lobsangen, er trat hinzu und sah, daß sie noch am Leben waren. Da erschrak der König Nebukadnezar. Eilend stand er auf und fragte seine Beamten: »Waren es nicht drei Männer, die wir gefesselt ins Feuer hineinwarfen? . . . Da sehe ich aber vier Männer im Feuer ohne Fesseln hin und her wandeln, ohne daß sie einen Schaden genommen haben, und der vierte gleicht einem Göttersohne.«

Dann trat Nebukadnezar vor die Tür des glühenden Brennofens und rief aus: »Sadrach, Mesach, Abednego, Diener des allerhöchsten Gottes, gehet heraus und kommet her!« Da traten Sadrach, Mesach und Abednego aus dem Feuerofen heraus . . . Nebukadnezar hob an und rief: »Gepriesen sei der Gott des Sadrach, Mesach und Abednego, der seinen Engel sandte und seine Knechte befreite, die sich auf ihn verließen, das Gebot des Königs übertraten und ihre Leiber hingaben, da sie keinem anderen Gotte Verehrung und Anbetung zollen wollten, als ihrem Gott!«"

Das ist die wunderbare Geschichte der drei Jünglinge. Hunderttausendfach wiederholten sich die Marter der frühen Christen und die Marter der Christen in unseren Tagen, aber die Geschichte lehrt uns, daß kaum ein anderer Machthaber sich durch die Glaubens- und Charakterfestigkeit der Glaubenden beeindrucken ließ.

Wie manchem frühem Christ — und heute noch — ward diese Geschichte von den drei Jünglingen und die Geschichte ihres Freundes Daniel zum Trost und Beispiel!

TOBIAS UND SEIN FREUND RAPHAEL

Das ist wohl die schönste und erbaulichste Geschichte von einem Gottesboten. Der Erzengel Raphael, des Name „Gott heilt" bedeutet, begibt sich unter einem falschen Namen, als „Tiefstapler" also, auf eine lange Reise mit dem Jüngling Tobias. Er marschiert und schläft, jagt und ißt mit ihm, wirbt um seine Braut und holt das von dessen Vater ausgeliehene Geld zurück, und schließlich geleitet er das junge Ehepaar glücklich heim zum erblindeten Vater, den er mit den Eingeweiden eines erjagten Fisches heilt. Raphael ist der Engel, den man sich wünscht. Er wird, wie kein anderer, zum Prototyp des Schutzengels. Aber weder die Familie des Tobias, noch er selbst, noch der Hund, der sie auf der Reise begleitet, ahnt je, daß dieser junge Geselle kein gewöhnlicher Mensch, sondern einer der höchsten Engel in Gottes Hierarchie ist.

In dem apokryphen Buch Tobit wird die Geschichte eines frommen Mannes erzählt, der nach der Zerstörung Samarias 722 vor Christus aus seiner Heimat vertrieben und in die Fremde, in das assyrische Reich verpflanzt wurde. Das Buch scheint im zweiten vorchristlichen Jahrhundert verfaßt worden zu sein. Leider fehlt es in manchen modernen evangelischen Bibeln. Das ist bedauerlich, denn es ist und bleibt die schönste Engelsgeschichte der ganzen Bibel!

Tobit, der Sohn Tobiels aus dem Geschlecht Naphthalis, schildert zunächst in Ichform seinen Werdegang. Ein Teil seines Stammes sei von dem alten Gott Israels abgefallen und habe dem Baal, dem Kalb geopfert, nur er, Tobit, sei seinem Gotte treu geblieben und habe die alten Gesetze streng befolgt. Er heiratete Anna aus dem gleichen Geschlecht und zeugte mit ihr den Tobias. Auch als Verschleppter in Ninive hielt er die Gebote, obwohl der größte Teil seiner Verwandtschaft sich an die Bräuche des Landes angepaßt hatte. Er wurde durch Gottes Gnade und seine Redlichkeit reich. In jener Zeit lieh er einem Verwandten Gabael in Ragai im Lande Medien zehn Talente Silber.

Von seinem Reichtum gab er den Armen und Bedürftigen und half ihnen, wo er konnte. Zu den Festmählern lud er sich einen Gast ein und begann nicht zu essen, bevor sich nicht ein Fremdling eingefunden hatte. Viele Juden wurden damals ermordet oder sie starben und wurden über die Mauer geworfen. Tobit ging bei Sonnenuntergang

Der junge Tobias mit dem Engel Raphael und dem Hündchen

hin und begrub sie. Das wurde dem König hinterbracht und er floh um sein Leben und versteckte sich. Sein Besitz wurde beschlagnahmt, seine Frau mußte bei fremden Leuten Wolle spinnen, um die Familie zu ernähren. Eines Abends, nachdem Tobit einen erdrosselten Juden insgeheim begraben hatte, legte er sich an einer Mauer schlafen. Frischer Kot von Sperlingen fiel ihm in die Augen und er erblindete davon.

Tobit fügte sich in seine Blindheit, betete zu Gott und pries ihn und ergab sich vor ihm in sein Schicksal, doch bat er den Herrn um eine Wende.

Da fiel ihm in seiner Not ein, daß er noch Geld bei seinem Verwandten Gabael in Medien hinterlegt habe. Sein Sohn Tobias ist noch ein Jüngling, doch wünscht Tobit, er möchte auf die Wanderschaft nach Medien gehen, um das Geld zu holen. Vorher erteilt er ihm eine Unterweisung, die wunderbar in ihrer Gesinnung ist.

„Kind, wenn ich tot bin, begrabe mich und verachte deine Mutter nicht; halte sie alle Tage deines Lebens in Ehren; tue was ihr gefällt, und betrübe sie nicht! Bedenke, Kind, daß sie viele Gefahren bestehen mußte deinetwegen, als du noch in ihrem Schoße weiltest. Ist sie tot, so begrabe sie bei mir in ein- und demselben Grabe.

Alle Tage, Kind, gedenke des Herrn unseres Gottes, sündige nicht und übertrete nicht seine Gebote; handle gerecht alle Tage deines Lebens und wandle nicht auf den Pfaden des Frevels. Denn handelst du zuverlässig, werden alle deine Unternehmungen glücklich sein. Allen, die gerecht handeln, gib aus deinem Vermögen Almosen! Dein Auge soll nicht neidisch blicken, wenn du Almosen gibst! Wende dein Antlitz von keinem Armen ab, dann wird sich auch das Antlitz Gottes von dir nicht abwenden. Gib Almosen nach der Größe deines Vermögens; besitzest du wenig, fürchte dich nicht, dem wenigen entsprechend Almosen zu schenken. Du sammelst dir dabei einen trefflichen Schatz für den Tag der Not. Das Almosen rettet vom Tod und läßt nicht zu, daß man in die Finsternis eingeht. Denn als prächtige Opfergabe gilt das Almosen all denen, die es verleihen, vor dem Angesicht des Allerhöchsten.

Nimm dich in acht, mein Kind, vor aller Unzucht, und beachte dies besonders: nimm dir ein Weib aus dem Geschlecht der Väter . . . denn wir sind Prophetenkinder. Und nun Kind, habe deine Verwandten lieb . . .

Der Lohn irgendeines Menschen, der für dich arbeitet, bleibe bei dir nicht über Nacht, sondern zahle ihn sofort aus. Dienst du Gott, so wird es dir vergolten werden. Gib acht auf dich selbst, Kind, bei all deinen Werken, und zeige dich gut erzogen in all deinem Wandel! Was du selber nicht liebst, das tue auch keinem anderen an. Trinke nicht Wein, bis du berauscht bist; Trunkenheit komme auf deinem Lebensweg nie vor! Von deinem Brot gib den Hungernden ab und von deinen Gewändern den Nackten ... Einen Rat suche bei jedem Verständigen und verachte keinen brauchbaren Ratschlag.

Zu jeder Zeit lobe Gott den Herrn und erbitte von ihm, daß all deine Wege gerade werden und all deine Pfade und Pläne zum Gedeihen führen. Und jetzt Kind, gedenke meiner Gebote. Sie sollen aus deinem Herzen nicht ausgelöscht sein."

Dann berichtet er ihm von dem Geld und sendet ihn auf die Wanderung.

„Suche dir einen Mann als Reisegefährten. Ich werde ihn bezahlen, solange ich lebe; dann gehe hin und hole das Geld ab."

Er ging hin, einen Mann zu suchen, und fand Raphael, einen Engel, wußte es aber nicht. Er fragte ihn: „Kann ich wohl mit dir nach Ragai in Medien reisen, bist du ortskundig?" Der Bote entgegnete ihm: „Ich werde mit dir reisen; ich bin ja des Wegs kundig, und bei Gabael, unserem Verwandten, habe ich bereits übernachtet." (Man sieht, auch Engel können lügen, wenn es erforderlich ist.)

Darauf Tobias zu ihm: „Warte nur auf mich, ich will es meinem Vater sagen!"

Da ging er hin zu seinem Vater und sprach: „Schau, ich fand jemanden, der mit mir reisen will." Dieser sprach: „Rufe ihn zu mir herein; ich will in Erfahrung bringen, welchen Stammes er ist, und ob er genug Zuverlässigkeit besitzt, daß du mit ihm reisen kannst." Da rief er ihn. Er ging hinein und sie begrüßten sich. Tobit fragte ihn: „Bruder, aus welchem Stamm und aus welcher Sippe bist du? Sage es mir doch!"

Der sprach zu ihm: „Suchst du einen Stamm und eine Sippe, oder einen Lohnknecht, der mit deinem Sohn reist?" Aber Tobit erklärte ihm: „Ich wünsche, Bruder, dein Geschlecht und deinen Namen zu erfahren!" Der aber sprach: „Ich bin Asarias, des großen Ananias Sohn, einer deiner Verwandten."

Damit ist der alte Blinde zufrieden, denn er kannte Ananias und seinen edlen Stamm. Er verspricht ihm als Lohn eine Drachme pro Tag und dazu die Kosten der Verpflegung. Mit Segenswünschen geleitet sie der Vater aus dem Haus.

„Da zogen sie beide dahin, und der Hund des Jünglings begleitete sie!" (Das ist bemerkenswert, denn es ist der einzige Hund der Bibel. Bei den Juden galt der Hund als unrein und war nicht der Freund des Menschen. Entgegen den strengen Bräuchen wird hier ein Hund zum Begleiter des Tobias.) Die Mutter Anna weinte und meinte, diese Reise sei so viel wie ein Verderben. Aber Tobit tröstete sie mit den Worten: „Denn ein guter Engel wird mit ihm ziehen, sein Weg wird erfolgreich sein und er wird heil wiederkehren."

Abends kamen Tobias und Asarias an den Tigrisstrom. Tobias wollte noch ein kühles Bad nehmen und schwamm, da schnellte ein Fisch aus dem Wasser heraus und griff den Knaben an. Der Engel aber rief ihm zu: „Packe den Fisch!" Da ergriff der Jüngling den Fisch und warf ihn ans Land. Nun sprach der Engel zu ihm: „Schneide den Fisch entzwei, hole das Herz, die Leber und die Galle heraus und bringe sie in sichere Verwahrung." Der Jüngling tat, was der Engel ihn anwies, den Fisch selbst aber brieten sie und aßen ihn. (Ohne Zweifel aß der Engel auch davon.) Unterwegs fragt Tobias seinen Gefährten, was es mit der Leber und dem Herzen und der Galle für eine Bewandtnis habe. Der Gefährte belehrt ihn, daß man die Leber und das Herz des Fisches als Räucherwerk verbrennt, wenn einer von einem bösen Dämon besessen ist. Mit der Galle des Fisches aber bestreicht man die Augen eines Menschen, die weiße Flecken haben, dann wird er geheilt.

Sie gelangen in das Haus eines Verwandten namens Raguel, dessen Tochter Sara von einem bösen Dämon besessen ist. Dieser hat bereits sieben Männer, die ihr angetraut worden waren, umgebracht. Tobias, der das Mädchen heiraten soll, fürchtet sich sehr, von dem bösen Dämon zerrissen zu werden. Raphael gibt ihm die Anweisung, wenn er das Schlafgemach des Mädchens betrete, solle er das Herz und die Leber des Fisches auf glühenden Kohlen verbrennen.

Besonders warmherzig ist die Beschreibung der Begegnung: „So kamen sie denn nach Ekbatana und gelangten zum Haus Raguels. Sara kam ihnen entgegen und begrüßte sie. Sie erwiderten den Gruß. Jene führte sie dann ins Haus. Da sprach Raguel zu seiner Frau Edna: »Wie sieht doch dieser junge Mensch meinem Vetter Tobit ähnlich!« Dann fragte sie Raguel: »Woher kommt ihr, Brüder?« Sie erwiderten: »Von den Söhnen Naphthalis, den Kriegsverschleppten in Ninive.« Da sagte er zu ihnen: »Kennt ihr den Tobit, unseren Bruder?« Sie antworteten: »Ja.« Da fragte er sie: »Geht es ihm gut?« Sie erwiderten: »Er lebt und befindet sich wohl.« Tobias fügte hinzu: »Es ist mein Vater!« Raguel sprang auf, küßte ihn, weinte, segnete ihn und sprach: »O du Sohn des guten und wackeren Mannes!«" Als er aber hörte, daß Tobit sein Augenlicht eingebüßt habe, wurde er betrübt und weinte.

Inzwischen versprechen sich die jungen Menschen, und Tobias, nachdem er das Schlafgemach des Mädchens betreten hat, verfährt so, wie der Engel ihn geheißen. Der Dämon, angewidert von dem üblen Geruch des Räucherwerks, entweicht nach Oberägypten, das offenbar die Heimat der bösen Dämonen ist. Die beiden Verlobten sind glücklich, sie beten und danken Gott und begeben sich ins Gemach, die Hochzeit zu vollziehen. Der Vater Raguel gräbt inzwischen ein Grab, in das er den Tobias versenken will, zur Nacht noch, damit niemand es erfährt. Er sendet eine Magd aus, zu lauschen, ob Tobias tot sei. Sie findet die beiden schlafend. Nun ist die Freude im Hause Raguel groß.

Tobias ist nun in den Flitterwochen und er hat natürlich keine Lust weiterzuwandern, um das Geld einzuholen. So geht Raphael-Asarias mit einem Knecht nach Medien und bringt das geliehene Geld zurück.

Sie zogen dann heim nach Ninive, „und der Hund trabte hinter ihnen her". Die Mutter des Tobias ging jeden Tag und schaute auf den Weg, ob ihr Sohn, den sie schon tot glaubte, nicht komme. Raphael gibt Tobias die Anweisung, die Augen des Vaters mit der Galle des Fisches zu bestreichen. Die Freude der beiden Alten war groß, den Sohn unversehrt wiederzusehen. Tobias bestrich die Augen seines Vaters, und die weißen Flecken lösten sich und er erblickte seinen Sohn. Nun sollte man mit dem Reisegefährten abrechnen. Tobias schlägt vor, dem Asarias die Hälfte des zurückgebrachten Geldes zu geben. Man ruft ihn herein und macht ihm den Vorschlag. Da gibt sich der Bote Gottes zu erkennen. Er sei bei allen Taten und der treuen Gesinnung des Tobit zugegen gewesen und habe alles gewußt ...: „Und nun hat Gott mich gesandt, dich und deine Schwiegertochter Sara zu heilen. Ich bin Raphael, einer von den sieben heiligen Engeln, die die Gebete der Heiligen darbringen und zu der Majestät des Heiligen Zutritt haben."

Beide wurden bestürzt, fielen auf ihr Antlitz, weil sie in Furcht gerieten. Doch er sprach zu ihnen: „Fürchtet euch nicht! Friede wird euch zuteil werden! Doch preiset Gott immerdar!"

Da erhoben sie sich, sahen ihn aber nicht mehr. Sie priesen die großen und wunderbaren Taten Gottes, und wie der Engel des Herrn ihnen erschienen war.

Das sind im wesentlichen die schönsten und wunderbarsten Engels-
geschichten und andere Gotteserscheinungen des Alten Testaments. Ich
habe sie zum Teil wörtlich zitiert, weil die Kraft ihrer bildhaften
Sprache und die gedrängte Kürze der Erzählung unübertrefflich sind.
Wieviele von uns lesen schon heute die Bibel?! Und doch gibt es darin
solch spannende und ergreifende Geschichten! Von fehlerhaften Menschen, die durch Umkehr eine Wandlung erleben und sich Gott zuwenden, oder Gott allein wendet sich dem unguten Menschen zu, wie
Jakob, dem Sohn Isaaks, und bewirkt seine Wandlung zum ehrwürdigen Vater der Völker.

Gott spricht zu Abraham, Jakob, Moses, Samuel, Isaias, Elias, Eze-
chiel, und sie vernehmen seine Worte und folgen seinen Weisungen.

In Naturerscheinungen gibt er sich dem Moses im lodernden Busch
und dem Elias in mildem Windhauch kund.

In unerhörten Visionen erblicken die Menschen Jakob, Isaias, Eze-
chiel die himmlische Hierarchie der Engel.

Er sendet Esel, Raben, Löwen und einen Hund als seine Boten,
und strahlende Engel erscheinen am Himmel und verkünden seine
Botschaft den Menschen.

Aber am häufigsten sind es Boten, Männer, die des Wegs kommen
und im Gespräch eine Botschaft übermitteln. Keiner von den Begegnenden weiß, daß es ein Bote Gottes ist, aber er lauscht der Botschaft
und bewahrt sie in seinem Herzen, mag die Nachricht auch noch so
unwahrscheinlich klingen wie die Verheißung eines Kindes bei den
greisen Abraham und Sarah. Diese Gottesboten lassen sich die Füße
waschen, sie essen und trinken, und sie werden handgreiflich wie bei
Lot und bei Jakob, sie löschen das Feuer im feurigen Ofen und sie
gehen mit einem Jüngling auf wochenlange Reisen in fremde Länder.

Die meisten Begegnungen finden in der Frühzeit statt, als der
Mensch noch gottnah war. Gott tröstet, er verspricht eine reiche Nachkommenschaft und seinen Schutz für das künftige Volk. Je mächtiger
und größer das Volk wird, desto gottferner wird es, und schließlich
wendet es sich von ihm ab; mitten in der hohen Stadt Jerusalem entstehen Tempel fremder Götter und ein griechisches Stadion, und die
Juden, die in fremde Länder verschleppt werden, opfern den Göttern
der Gastländer. Und dennoch sucht Gott die Gerechten unter den
Verschleppten durch seine Boten auf und beschützt sie, wie Daniel,
die drei Jünglinge im feurigen Ofen, den Tobit und andere.

Gewiß schildert die Bibel Begegnungen, die für das ganze Volk von entscheidender Bedeutung sind. Aber wer waren die Begegnenden selbst? Hirten, Ackerbauern, Handwerker, Priester, Krieger — Menschen nicht auf der Höhe ihres Erfolgs und Ruhms, Menschen wie du und ich. Was für das Volk Israel, das auserwählte Volk, wichtig war, war für andere Völker unwichtig. Aber im Bereich des Lebens des einzelnen sind alle Stufen seiner Entwicklung, alle seine Begegnungen, Schicksalswenden, Gefahren, Krankheiten, Beglückungen, Bindungen von eminenter Wichtigkeit, und da Gott nicht nur mit dem Volke, sondern auch mit dem einzelnen ist, wäre es da erstaunlich, wenn er dem einzelnen in gleicher Weise durch eine Botschaft begegnet?

CHRISTUS ERSCHEINT UNERKANNT
DEN JÜNGERN

Matthäus berichtet nur ganz kurz über die Ereignisse nach der Auferstehung: „Die elf Jünger gingen nach Galiläa auf den Berg, wohin sie Jesus beschieden hatte. Und da sie ihn sahen, fielen sie vor ihm nieder; einige aber zweifelten. Da trat Jesus vor sie und sprach: »Mir ist alle Gewalt gegeben im Himmel und auf Erden. Darum geht hin und macht alle Völker zu Jüngern, indem ihr sie tauft im Namen des Vaters, des Sohnes und des Heiligen Geistes« . . ."

Bei Markus heißt es: „Als er aber in der Frühe am ersten Wochentag auferstanden war, erschien er zuerst Maria Magdalena, aus der er sieben Dämonen ausgetrieben hatte. Sie ging hin und verkündete es seinen trauernden und weinenden Gefährten. Diese aber, als sie hörten, daß er lebe und von ihr gesehen worden sei, glaubten es nicht. Darnach erschien er in fremder Gestalt zweien von ihnen auf dem Wege, als sie über Land gingen. Und diese gingen hin und verkündeten es den übrigen; aber auch ihnen glaubten sie nicht. Später erschien er den Elfen, als sie bei Tisch waren, und hielt ihnen ihren Unglauben und ihre Herzenshärte vor, weil sie denen, die ihn als Auferstandenen gesehen hatten, nicht geglaubt hatten."

Wunderbar wird bei Lukas über die Begegnung auf dem Wege nach Emmaus berichtet: „Am gleichen Tage war es, da waren zwei von ihnen unterwegs nach einem Dorf namens Emmaus, das sechzig Stadien von Jerusalem entfernt ist. Sie redeten miteinander über das, was sich zugetragen hatte. Und es geschah, während sie redeten und sich miteinander besprachen, näherte sich Jesus und ging mit ihnen . . . Ihre Augen aber waren gehalten, so daß sie ihn nicht erkannten."

Er fragt sie, worüber sie sprechen, und sie erzählen ihm noch ganz ergriffen von der Kreuzigung des Herrn. Sie hatten auch von seiner Auferstehung gehört, begriffen die Nachricht aber nicht. Jesus belehrte sie und zitierte die Worte der Propheten, aber sie begriffen auch seine Belehrung nicht.

„Als sie sich dem Dorfe näherten, tat er so, als wollte er weitergehen. Aber sie drängten ihn und sprachen: »Bleibe bei uns, denn es wird Abend und der Tag hat sich schon geneigt.« Da trat er ein, um bei ihnen zu bleiben. Als er bei ihnen bei Tische war, nahm er das Brot, sprach den Segen, brach es und gab es ihnen. Da gingen ihnen die Augen auf und sie erkannten ihn; er aber verschwand aus ihrer Mitte. Da sagten sie zueinander: »Brannte nicht unser Herz in uns, während er auf dem Wege mit uns redete und uns die Schrift aufschloß?!«"

Sie kehrten sofort heim und erzählten, was ihnen geschehen war. „Während sie noch darüber redeten, stand er selbst in ihrer Mitte und sprach zu ihnen: »Friede sei mit euch!« Sie aber erschraken und fürchteten sich und meinten, einen Geist zu sehen. Er aber sprach zu ihnen: »Warum seid ihr verwirrt und warum steigen Zweifel auf in euren Herzen? Seht meine Hände und meine Füße, daß ich selbst es bin, rührt mich an und seht, ein Geist hat doch nicht Fleisch und Gebein, wie ihr es an mir seht!« Mit diesen Worten zeigte er ihnen seine Hände und Füße. Da sie es aber vor Freude nicht glauben konnten und sich verwunderten, sprach er: »Habt ihr etwas zu essen hier?« Sie gaben ihm ein Stück von einem gebratenen Fisch und er nahm es und aß vor ihren Augen . . ."

Johannes gibt noch ausführlicheren Bericht über die Begegnungen des Auferstandenen: „Maria aber stand weinend außerhalb des Grabes. Indes sie weinte, beugte sie sich ins Grab hinein und erblickte zwei Boten in weißen Gewändern dort sitzend, wo der Leichnam Jesu gelegen war, einen zu Häupten und einen zu Füßen, und sie sagten zu ihr: »Frau, was weinst du?« Sie sprach zu ihnen: »Weil sie meinen Herrn weggenommen haben und ich nicht weiß, wo sie ihn hingelegt haben.« Bei diesen Worten wandte sie sich um und sah Jesus dastehen, aber ohne zu wissen, daß es Jesus sei. Jesus sprach zu ihr: »Frau, was weinst du, wen suchst du?« Da sie meinte, es sei der Gärtner, sprach sie zu ihm: »Herr, wenn du ihn weggetragen hast, so sage mir, wo du ihn hingelegt hast, und ich will ihn holen!« Jesus sprach zu ihr: »Maria!« Sie wandte sich um und sagte auf Hebräisch zu ihm: »Rabbuni!« Jesus sprach zu ihr: »Fasse mich nicht an; denn noch bin ich nicht hinaufgefahren zu meinem Vater« . . ."

Die Begegnung mit den Jüngern spielt sich ähnlich ab wie bei Markus und Lukas. Nur Thomas war nicht zugegen; als ihm die anderen von der Begegnung erzählen, will er es nicht glauben. „Acht Tage darauf waren seine Jünger wieder versammelt. Da kam Jesus bei verschlossenen Türen, stand in ihrer Mitte und sprach: »Friede sei mit euch!« Dann sagte er zu Thomas: »Reiche deinen Finger her und sieh meine Hände, und reiche deine Hand und lege sie in meine Seite; und sei nicht ungläubig, sondern gläubig!« Da antwortete ihm Thomas: »Mein Herr und mein Gott!« Jesus sprach zu ihm: »Weil du mich gesehen hast, hast du geglaubt; selig, die nicht sehen und doch glauben!« . . ."

Die letzte Begegnung vor der Himmelfahrt fand am See Genezareth statt. Die Jünger fischten von Booten aus, fingen aber nichts: „Als es aber schon Morgen wurde, stand Jesus am Ufer. Die Jünger erkannten jedoch nicht, daß es Jesus sei. Er sprach zu ihnen: »Kinder, habt ihr nichts zu essen?« Sie antworteten: »Nein.«" Da fordert er sie auf, die Netze nocheinmal auszuwerfen, sie tun es und machen einen großen Fang. „Da sagte der Jünger, den Jesus liebte, zu Petrus: »Es ist der Herr!«" Sie begaben sich sofort an Land, Petrus schwimmend. „Als sie nun ans Land stiegen, sahen sie ein Kohlenfeuer angelegt und darüber einen Fisch liegen und Brot . . . Jesus sprach zu ihnen: »Kommt und haltet Mahlzeit!« Es wagte keiner von den Jüngern ihn zu fragen: »Wer bist du?« Wußten sie doch, daß es der Herr war. Da ging Jesus hinzu, nahm das Brot und gab es ihnen und ebenso auch den Fisch. Dies war schon das dritte Mal, daß sich Jesus seinen Jüngern offenbarte, nachdem er von den Toten auferstanden war."

Bei all diesen wunderbaren Geschichten der Begegnungen nach der Auferstehung fällt eines auf: Seine besten Freunde und Freundinnen, die jahrelang um ihn waren, hatten ihn nicht erkannt, obwohl sie, wie auf dem Weg nach Emmaus, mehrere Stunden mit ihm gewandert waren; auch als er ihnen allen erschien, glaubten sie an einen Geist. Es wiederholt sich hier die gleiche Geschichte wie bei den Begegnungen mit den anderen Engeln oder Boten Gottes. Es sind Begegnungen mit natürlichen Menschen, wenn diese gelegentlich auch von einem Leuchten umgeben waren oder strahlende Gewänder anhatten. Keiner von all den vielen Begegnenden hat sie als Engel erkannt, sie waren Männer, zufällig daherkommende Wanderer, Krieger, Jünglinge. Und dennoch wurde von vielen die Botschaft angenommen, ob sie ihren Sinn begriffen oder nicht. Meist konnten sie sie gar nicht recht begreifen, weil sie zukunftsgerichtet war, oft war sie auch unwahrscheinlich, wie im Falle Abrahams oder Zacharias.

Aber viele Botschaften wurden gar nicht angenommen, gerade die zuletzt erzählten. Die Jünger glaubten nicht und Thomas glaubte nicht, bis Er sich ihnen bewies.

Sagen uns modernen und weitgehend säkularisierten Menschen solche Begegnungen noch etwas, uns, die wir die Sprache der Gleichnisse und der Symbole nicht mehr verstehen, weil wir vordergründig geworden sind? Und dennoch zeigen uns die wunderbaren Geschichten von der Wanderung des Tobias mit dem verkleideten Engel Raphael und die Wanderung der beiden Jünger nach Emmaus in Begleitung des Auferstandenen, daß wir alle uns gleichsam auf dem Weg nach Emmaus befinden und daß auch unsere Sinne für die Begegnungen, die uns zuteil werden, verschleiert sind.

Aber einer, dem es ins Bewußtsein dringt, daß auch er gen Emmaus wandert, verwirrt, auf der Flucht, unbehaust, ohne Führung, wird vielleicht lernen, auf die Stimme eines, dem er begegnet, zu lauschen und zu erkennen, woher der Bote kommt.

GOTTES BOTEN IM PROFANEN LEBENSBEREICH

Im Geschehnis der Bibel ist es ein Bote, der Gottes Botschaft den Menschen übermittelt. Es kann in einem Traum oder in einer strahlenden Erscheinung des Lichts, des Gewitters, in einer Wolke und einem Sturm geschehen und es kann ein strahlender Engel der Heerscharen oder ein Erzengel sein. Oder Gott spricht mit seiner Stimme zum Menschen. Am häufigsten nimmt er die Gestalt eines Wandersmannes an, deren es im Altertum und bis an die Schwelle unserer Tage viele gab; ein solcher Fremdling ist der Überbringer der Botschaft. Nicht selten ist es auch ein Tier, dessen sich Gott bedient.

Der Auftrag der Botschaft ist ihre Entgegennahme durch den Adressaten, durch den Menschen. Die Botschaft ist eine Verkündigung, in seltenen Fällen ist sie ein Befehl. Die freie Entscheidung, die Gott dem Menschen verlieh, wird durch die Botschaft nicht angetastet. Der Mensch, dem die Botschaft zuteil wird, kann sie annehmen, er kann sie auch abweisen. Manchmal zögert er vor der überwältigenden Wucht der ihm gestellten Aufgabe oder er lacht, weil er den Sinn der Botschaft für widersinnig hält.

Würde Gott immer gewaltige, strahlende Engel senden, bliebe dem Menschen keine Wahl; vor so viel Macht Gottes verstummt die eigene Entscheidungsfähigkeit. Darum macht sich Gott unauffällig. Wenn die Botschaft von einem Fremdling, einem Wanderer, einem Weggenossen entgegengenommen wird, dann hat der Empfänger sie wirklich unter freiem Entscheid in sein Herz aufgenommen.

Fast in allen Geschichten der Begegnungen mit den Boten überrascht, daß der Bote, auch wenn er strahlend oder sonst ungewöhnlich aussah, selten als ein überirdisches Wesen auffiel. Viel später, Tage oder Wochen, fiel es dem Botschaftsempfänger ein, daß es ein Engel Gottes gewesen sein könne.

Wie ist es aber möglich, fragen wir uns, die wir vermeintlich solcher Botschaften nicht mehr teilhaftig werden, daß die Menschen von dazumal in einem Bettler, einem Krieger, einem Wandersmann einen Engel Gottes erspürten? Das ist, weil sie von Gott noch nicht getrennt waren. Er erfüllte ihr ganzes Sein, ihr Denken und ihr Handeln. Das war so in den Religionen der Antike, das spüren wir ganz deutlich im Volke Israel, und die ersten Jahrhunderte des jungen Christentums waren von der Allgegenwart Christi förmlich erfüllt. „Ich bin ein neuer Mensch in Christo", sagt Paulus, und jeder Christ identifizierte sich so weit mit Christus, daß sie sich schließlich den Namen Christi zulegten. Sie wurden Christen. Der verklärte Leib wurde zum Tempel Gottes, und die Apostel schreiben in ihren Briefen von Heiligen, oder wie die Ostkirche sie nennt: „Prepodobnyie, Bogonossnyie", Engelsgleiche, Gotträger. Gott oder Christus oder der Heilige Geist war allgegenwärtig und man flehte ihn an im Gebet, er möge Wohnung in einem nehmen. So heißt das meist geübte Gebet der Ostkirche:

„Herr des Himmels, Tröster, Geist der Wahrheit, Schatz der Guten und Lebensspender, der du überall bist und alles erfüllst, komm und nimm Wohnung in mir und reinige mich von allem Bösen und errette, Erbarmender, unsere Seelen."

Solche Gesinnung erzeugte eine frohe Weihe, die das ganze Sein durchströmte, die gesprochenen Worte hatten Gewicht, und der Sprecher suchte den Empfänger nicht zu verletzen. Zugleich lauschte der Angesprochene mit den Ohren seines Herzens, ob nicht die Worte des Sprechenden zugleich eine verhüllte Botschaft Gottes seien. Im ganzen christlichen Osten ist dieses Erleben der Gottnähe vorhanden. In diesen Menschen bebt die Erwartung des „Gastes": Christus, der in Gestalt irgendeines Menschen unverhofft zu ihnen kommen kann. Es gibt viele Familien, die einen überzähligen Löffel oder Teller für die Mahlzeit hinstellen, um damit die Bereitschaft für den Empfang des Gastes zu dokumentieren. Oft reden sich die Menschen mit „Du mein Engel" an. Es ist keine Vermessenheit und kein leeres Wort, auch keine Herabwürdigung des Engels. Der so Anredende spürt wirklich den Engel Gottes im Angeredeten, er fühlt etwas von dem Strahlen des Engels in ihm und kleidet dieses Gespür in Worte.

Man könnte sagen: „Wer sind wir schon, daß Gott uns seine Boten sendet, daß er mit uns spricht? Wäre es nicht eine Vermessenheit, solches überhaupt zu erwarten?" Aber, wenn er überhaupt zu irgendjemand spricht, warum soll er, der überall ist, nicht auch zu uns sprechen? In der Bibel waren es zunächst die Kleinsten und Unscheinbarsten, die er seiner Botschaft würdigte, der Zuhälter Abraham, der Betrüger Jakob, der Totschläger Moses, der Ehebrecher David, der Denunziant Saulus, sie alle wurden erst durch die Begegnung mit ihm zu Helden und Verkündern seiner Herrlichkeit.

Dem seelisch Blinden, der mit der eigenen kleinen Hand Gottes Glorie vor seinen Augen sich verstellt, ist der Lebensweg mit Zufällen gepflastert. Jenem aber, der zu lauschen beginnt, der auf die Zeichen am Wege achtet, der sich für die Stimme Gottes offen macht, dem werden die gleichen Zufälle zu Bällen, die ihm aus der Hand Gottes zufallen, die er nur aufzufangen braucht. Und das ist das Geheimnis: der eine glaubt vermessen aus eigener Machtvollkommenheit, Klugheit, Kraft und Entscheidung zu leben — und Gott läßt ihn. Der andere aber weiß sich in Gottes Hand und gibt sich freiwillig in seinen Machtbereich, er nimmt das Glück und das vermeintliche Unglück in Demut und Dankbarkeit an, und Begegnungen werden ihm zu Zeichen, deren Sinn er mit dem Herzen zu begreifen vermag.

WO DIE LIEBE IST, DA IST AUCH GOTT

Im alten Rußland war die Vorstellung lebendig, daß Christus unerkannt, verkleidet, in der Gestalt eines Bettlers, eines Einfältigen, eines Kindes, oder gleich welches Menschen, durchs Land zieht. Die Erwartung einer solchen Begegnung zittert in den Seelen der Menschen, und oft fragen sie sich: „War er es?"

Die großen russischen Schriftsteller, Tolstoi, Dostojewski, Lesskow, Jessenin lassen diese Erwartung in ihren Gestalten durchscheinen. Am eindrucksvollsten kleidet Tolstoi seine eigene Erwartung und Erfahrung in die zauberhaften Volksgeschichten. Eine von ihnen, „Wo die Liebe ist, da ist auch Gott", möchte ich an dieser Stelle nacherzählen. Viele Schriftsteller seiner Zeit nahmen es dem Propheten von Jassnaja Poljana übel, daß er sich der Volksnovelle zuwandte; sie beschworen ihn, bei der Form des Romans zu bleiben. Sie begriffen nicht, welch eine Macht des Wortes und der Bilder von seinen volksnahen Geschichten ausgingen und wieviel Glück und Trost sie den einfachen, des Lesens kaum mächtigen Menschen schenkten.

Tolstoi schildert einen alten Schuster, der in Armut in einem Kellerloch hauste. Das Glück war ihm nicht treu, er verlor seine Frau und schließlich auch sein einziges Söhnchen, für das er lebte. Und er begann mit Gott zu hadern. Da erschien ihm ein alter Wandersmann, sie kamen ins Gespräch. Martyn, der Schuster, sagte, er wolle nicht mehr leben, das Leben habe keinen Sinn mehr für ihn. Da erwiderte jener: „Du redest nicht gut, Martyn; wir können nicht über Gottes Taten urteilen. Die Welt wird nicht von unserem Verstand, sondern von Gottes Einsicht regiert. Gott hat beschlossen, daß dein Sohn sterben soll, du aber sollst weiterleben. Also muß es wohl so besser sein. Wenn du jedoch verzweifelst, so kommt es daher, daß du nur deinem Vergnügen leben willst ... Man soll um Gottes Willen leben, Martyn. Er ist es ja, der dir das Leben geschenkt hat, also mußt du auch für ihn leben. Wenn du aber für ihn leben wirst, so wirst du nicht mehr traurig sein, und alles wird dir leicht erscheinen ... Wie man für Gott leben muß, das hat uns Christus gelehrt. Kannst du lesen? Dann kaufe dir das Evangelium, lies es, dann wirst du erfahren, wie man für Gott leben soll. Dort steht alles geschrieben."

Und Martyn beginnt das Evangelium zu lesen, die Worte fallen tief in seine Seele. Am tiefsten beeindruckte ihn die Erzählung von dem Gastmahl des Pharisäers, da eine Frau Christus mit kostbarem Öl die Füße wusch. Der Pharisäer empörte sich darüber. — „Er war wohl mir ähnlich, der Pharisäer, und dachte nur an sich selbst: wenn man nur immer Tee trinken, es warm und gemütlich haben kann — das ist der einzige Gedanke; an den Gast aber denkt man nicht. Sorge immer nur für dich selbst und nicht für den Gast! — Wer aber ist der Gast? Der Herr selbst. Wenn er zu mir gekommen wäre, hätte ich dann wohl auch so gehandelt?"

Martyn stützte sein Haupt in beide Hände und merkte gar nicht, wie er einschlummerte.

„Martyn!" hörte er plötzlich jemand ihm ins Ohr flüstern.

Martyn schreckte aus dem Schlaf empor: „Wer ist da?!"

Er wandte sich nach der Tür um, allein er konnte dort niemanden entdecken. Darauf schlummerte er wieder ein. Plötzlich aber hörte er ganz deutlich die Worte: „Hörst du, Martyn? Schau morgen durchs Fenster auf die Straße. Ich komme!"

Er erwachte, stand vom Stuhl auf und begann sich die Augen zu reiben. Er wußte selber nicht: hatte er diese Worte im Traum oder in wachem Zustand gehört. Er löschte die Lampe und ging ins Bett.

Am nächsten Tag wartete er nun den ganzen Tag gespannt auf den Gast, der da kommen sollte. Da sah er, daß der alte Stepanytsch vor Martyns Fenster Schnee schaufelte. Nach einer Weile rief er ihn zu sich herein und bot ihm Tee an, damit er sich aufwärmte. Während sie Tee tranken, schaute Martyn immer zum Fenster hinaus.

„Erwartest du jemanden?", fragte der Gast.

„Ob ich jemand erwarte? Ich schäme mich, es zu sagen, wen ich erwarte. Ich warte, und warte auch wieder nicht; ein Wort hat sich mir eingeprägt und will mir nicht aus dem Sinn. Ob es ein Traum war oder etwas anderes, weiß ich selber nicht. Siehst du, Freundchen: gestern las ich im Evangelium über unser Väterchen Christus, wie er auf der Welt wandelte und viele Leiden erduldete, und wie er zum Pharisäer kam, der ihn aber nicht in gebührender Weise aufnahm. Da dachte ich mir: wie konnte er nur Väterchen Christus nicht in gebührender Weise begegnen?! Wäre ich es beispielsweise gewesen, oder irgend ein anderer, ich hätte nicht gewußt, was ich alles tun sollte, um ihn gut zu empfangen. So dachte ich mir, und dabei schlummerte ich ein. Und wie ich nun eingeschlummert war, da hörte ich plötzlich, wie mich jemand beim Namen ruft. Ich wache auf und höre eine Stimme, die mir gleichsam zuflüstert: »Erwarte mich, ich komme morgen!« Das wiederholte sich zweimal, und seither, willst du es mir glauben oder nicht, will es mir nicht aus dem Sinn, ich schelte mich selbst und warte auf Ihn."

Nach einer Weile verabschiedete sich der alte Soldat: „Ich danke dir, Martyn Awdeitsch, du hast mich schön bewirtet und Seele und Leib gesättigt."

Martyn schaute weiter durchs Kellerfenster auf die Straße. Da gewahrte er eine abgehärmte Frau mit einem Kind auf dem Arm, die sich entkräftet gegen die Mauer lehnte. Er lief hinaus und bat die Frau einzutreten und sich aufzuwärmen. Sie war über das Angebot erstaunt, folgte ihm aber in die Stube. Er gab ihr Tee zu trinken und zu essen, er spielte mit dem weinenden Kind und schenkte ihr eine alte wollene Jacke. Sie wurde zutraulich und erzählte ihm von ihrem schweren Schicksal. Gekräftigt, getröstet und beschenkt zog sie von dannen.

Später sah er eine Frau mit einem Korb über die Straße gehen, im Korb lagen einige Äpfel. Offenbar hatte sie Äpfel auf dem Markt verkauft. Da kam ein kleiner Junge und stibitzte einen Apfel. Die Frau merkte den Diebstahl, ergriff den Jungen, schlug ihn und schimpfte ihn heftig. Der Junge versuchte sich ihrer Umklammerung zu entziehen, aber es gelang ihm nicht. Da lief Martyn auf die Straße, befreite den Jungen und redete beiden ins Gewissen, dem Jungen wegen des Diebstahls und der Alten wegen ihrer Heftigkeit. Beide beruhigten sich etwas. Die Alte sagte: „Du verwöhnst den Lümmel. Den muß man so regalieren, daß er's eine Woche lang spürt!"

„Ach, Großmütterchen, das scheint uns so, aber nach Gottes Gebot ist es ganz anders. Wenn er schon wegen eines Apfels Prügel verdient, was soll dann uns geschehen, die wir so große Sünder sind? . . . Gott hat uns befohlen, den anderen zu vergeben. Man muß allen verzeihen, den Unmündigen erst recht." Sie gingen versöhnt auseinander. Die alte Frau schenkte dem Jungen noch einen Apfel.

Als es wieder still um ihn war, begann er im Evangelium zu lesen und sein Traum kam ihm wieder in den Sinn. Da schien es ihm, als hörte er jemand mit leisen Tritten hinter seinem Rücken gehen, und eine Stimme flüsterte ihm ins Ohr: „Martyn, Martyn, hast du mich denn nicht erkannt?"

„Wen?", fragte Martyn.

„Mich", sagte die Stimme, „ich bin es."

Und aus der dunklen Ecke trat der alte Soldat Stepanytsch hervor, lächelte und zerging wie ein Wölkchen.

„Und das bin ich", sprach eine andere Stimme. Und aus der dunklen Ecke trat die Frau mit dem Kinde hervor, sie lächelte, auch das Kind lächelte, und beide verschwanden.

„Und das bin ich", sagte eine dritte Stimme, und dabei traten die Alte und der Knabe mit dem Apfel hervor und beide lächelten und verschwanden gleichfalls.

Martyn wurde es freudig ums Herz. Er bekreuzte sich, setzte sich die Brille auf und begann im Evangelium die Stelle, die er gerade aufgeschlagen hatte, zu lesen:

„Denn es hungerte mich, und ihr habt mich gespeist, es dürstete mich, und ihr habt mich getränkt, ich bin ein Gast gewesen, und ihr habt mir Obdach gewährt..." Unten auf derselben Seite aber las Martyn: „Da ihr es einem unter diesen Geringsten getan habt, habt ihr es mir getan."

Und nun begriff Martyn, daß der Traum ihn nicht getäuscht, daß der Heiland ihn an diesem Tage wirklich aufgesucht und daß er Ihn bei sich aufgenommen hatte.

JADWIGA UND DER NÄCHTLICHE ENGEL

Meine Mutter war die älteste von drei Geschwistern. Sie war ein stilles und zurückhaltendes Mädchen. Ihr Vater war Staatsrat im Justizministerium des Zaren, ein kränklicher, schweigsamer Mann, der sich wenig in die Erziehung der Kinder einmischte. Die Großmutter war ein Kind ihrer Zeit, oberflächlich, vordergründig, unruhig, beredt und herrisch. Die beiden Brüder waren liebe, lebhafte Jungen. Meine Mutter führte im großen Haus in Petersburg, oder in Terioki in Finnland, oder im Kaukasus ihr eigenes Leben. Ihrer Mutter gegenüber fühlte sie sich fremd. Oft habe sie als Kind gedacht, so vertraute sie mir an, sie sei ein untergeschobenes Kind, weil sie ihrer Mutter so unähnlich war und sich nicht zwingen konnte, sie zu lieben.

Sie war damals vierzehn Jahre alt, sie hatte keine rechten Freundinnen, aber sie vertraute ihr inneres Leben einem Tagebuch an, das sie immer sorgfältig unter dem Kopfkissen versteckte. Eines Nachts, es war im Sommer, sie waren gerade in ihren Sommersitz nach Terioki am Finnischen Meerbusen übergesiedelt, hörte sie, daß die Mutter dem Vater im Nebenzimmer aus ihrem Tagebuch vorlas. Die tiefsten Geheimnisse ihres Herzens, die Bedrängnisse über die mangelnde Liebe zu ihrer Mutter, die Fremdheit ihr gegenüber, alles stand dort drin. Es wurde von einem ungeliebten Menschen mit lauter näselnder Stimme (die Mutter war Polin und sprach nur recht mangelhaft russisch) vorgetragen, dazwischen wurden spitzige oder zynische Bemerkungen eingestreut. Der Vater schwieg.

Meine Mutter fühlte sich in ihrem innersten Wesen verletzt und gebrochen, durchschaut und verraten. Was sollte sie tun, wohin davonlaufen? Alle Wege würden wieder zur Mutter zurückführen. In ihrer Verzweiflung beschloß sie, sich im Meer zu ertränken. Das Anwesen hatte einen Zugang zum Strand. So wie sie war, mit aufgelöstem Haar, barfuß und im Nachthemd rannte sie zum Strand hinunter.

Als sie schon nahe am Wasser war, sah sie eine weiße, schimmernde Gestalt, die mit einem Schwert fuchtelte. Sie erschrak. Das konnte nur ein Engel sein. Was sollte sie tun? Auch ein Engel würde ihr nicht helfen können. Sie rannte weiter. Der Engel sprang ihr entgegen, umfaßte sie fest und brachte sie zum Stehen. Sie erkannte ihren elfjährigen Bruder Paul, ebenso barfuß, im Nachthemd, in der Hand hielt er seinen Kinjal (einen kaukasischen Krummdolch). Sie wollte sich losreißen, aber er hielt sie mit aller verfügbaren Kraft fest.

„Was machst du hier, warum belauerst du mich? Ihr alle belauert mich! Laß mich los! Ich will nicht mehr leben!"

Pawlik beschwichtigte sie, sie möge sich fassen und wieder ins Bett gehen, ehe es einen Skandal gäbe. Sie solle den Diebstahl ihres Tagebuchs doch nicht so tragisch nehmen, die Mutter verstände doch das meiste nicht, was darin stünde. Er, Pawlik, würde noch diese Nacht das Tagebuch stehlen und es ihr zurückbringen, und sie würden es dann gemeinsam verstecken. Sie ließ sich trösten und heimführen.

Am nächsten Tag brachte Pawlik ihr das Tagebuch zurück. Die Großmutter erwähnte es mit keinem Wort. Wahrscheinlich hatte sie es schon vergessen.

Schmunzelnd fügte meine Mutter, als sie mir diese Geschichte erzählte, hinzu: „Wenn der Engel Pawlik, den ich zunächst wirklich für einen Engel gehalten hatte, nicht dazwischengekommen wäre, dann würde es dich und Wera und Pawlik [meinen Bruder] nicht geben."

Viele Jahrzehnte später erhielt ich eine Ergänzung zu dieser Geschichte von Onkel Paul, der inzwischen ein berühmter Professor für Finanzgeschichte in USA und Finanzberater des Staates New York geworden war. Auch er hatte durch die offenen Türen gehört, daß seine Mutter dem Vater in gebrochenem Russisch etwas vorlas. Er wußte, daß seine geliebte Schwester ein Tagebuch führte, und er erkannte sofort, daß seine neugierige Mutter das Tagebuch irgendwie gefunden habe und sich jetzt einen Spaß mache, daraus vorzulesen. Dann hörte er Geräusche im Zimmer seiner Schwester und sah, wie sie im Nachthemd zur Terrassentür hinauslief. Er ahnte, daß etwas Schreckliches passieren würde. Er ergriff seinen geliebten Dolch, stürzte aus dem Fenster und rannte im Bogen auf das Wasser zu. So konnte er Jadwiga zuvorkommen und sie retten. Später, meinte er, habe er sich gewundert, daß er, aus dem Schlaf erwachend, so schnell habe die Situation erfassen können. Es sei ihm, als ob ihn eine fremde Macht zum Fenster hinaus und zum Handeln gestoßen hätte.

ANKÜNDIGUNG DES TODES

Als Siebzehnjährige verbrachte meine Mutter die Ferien mit ihrer Gouvernante auf dem Sommersitz ihrer Mutter in Essentuki im Kaukasus gegenüber dem Elbrusmassiv. In den mondbeschienenen Nächten stand seine weiß schimmernde Spitze hoch am Himmel. Zuerst war da die Linie des Horizonts, dann war schwarzer Himmel, und über diesem Himmel schwebte geheimnisvoll und erhaben das Dreieck des Berges. Das kaukasische, von gedeckten Terrassen umsäumte, einstöckige weitläufige Haus schien wie aus dem Boden emporgewachsen. Die Gouvernante war ältlich und bequem, so konnte meine Mutter allein ausreiten oder weite Spaziergänge machen, was ausdrücklich verboten war. Junge Damen durften in jener Zeit nicht allein ausgehen. Mutters Mutter mußte in Petersburg bleiben, da ihr Mann seit Jahren durch einen Schlaganfall gelähmt war.

Zu den schönsten Erlebnissen auf dem Lande gehörte es, wenn Zigeuner mit ihren zerlumpten, schmuddeligen und fröhlichen Kindern, mit tanzenden Bären und schauspielenden Affen, mit Fiedelmusik und Tamburinklängen daherkamen.

Eine alte Zigeunerin mit runzligem Gesicht, es sah aus wie ein vertrockneter Apfel, breitete vor dem Mädchen allerlei bunte Tücher und Stoffe aus. Meine Mutter war von den satten Farben fasziniert. Sie suchte sich einige Kossynki (Kopftücher) aus. Aber die Zigeunerin breitete immer wieder mit nicht nachlassender Beharrlichkeit einen schwarzen Seidenstoff vor ihr aus und bedrängte sie, diesen zu kaufen. Meine Mutter wehrte sich und lachte: „Ich trage nie schwarz, ich bin doch noch jung und froh und ich liebe bunte Farben!"

Die Zigeunerin schüttelte vorwurfsvoll ihr Haupt. „Nimm nur diesen Stoff, Täubchen, er wird dir gut stehen, schön und schlank wirst du darin aussehen. Nimm ihn, ich sage es dir, du wirst ihn brauchen, froh wirst du sein, daß du ihn besitzt!"

Wie unter einem hypnotischen Zwang erstand meine Mutter diesen Stoff. Die Dienstmädchen entsetzten sich in abergläubischer Furcht und bekreuzigten sich. „Wofür, Herrin, hast du dir denn das Trauerkleid gekauft, du in der Blüte deiner Jugend, wer wird denn soetwas Dunkles tragen? Geh schnell und tausch es um." Sie packten den Stoff und rannten auf die Landstraße, sie riefen, sie fragten nach den Zigeunern. Diese waren wie vom Erdboden verschwunden. Aber wenige Tage später kam ein Telegramm, das den Tod des Großvaters mitteilte, und aus jenem Stoff wurde das Trauerkleid genäht.

DER RETTENDE ENGEL

Wenn es in Essentuki regnet — man sagt, die Wolken fangen sich in den Bergen und finden nicht mehr heraus —, dann regnet es manchmal tagelang ohne Unterlaß. So war es in jenen Septembertagen. Nach Tagen der Feuchtigkeit kam endlich die Sonne heraus und Jadwiga beschloß, einen Gang durch die feuchten Wiesen zu machen. Sie atmete beseligt den Duft der Erde, des Mooses, der Feldblumen ein. In Gedanken, wie im Traum, wanderte sie auf unbegangenen Pfaden, bis sie sich vor einem Viadukt sah. Während sie die elegante Konstruktion des Brückenbaus bewunderte, der zwei Bergrücken miteinander verband, gewahrte sie, daß das ihr zugewandte Ende der Brücke durch den Regen unterspült war und die Eisenbahnschienen durch einen Erdrutsch frei in der Luft zu schweben schienen. Sie war vor Schreck wie versteinert. Weit und breit fand sich keine Behausung, kein Mensch.

Sie wußte, daß am Nachmittag der Schnellzug Moskau — Kisslowodsk diese Strecke passieren mußte. Noch nie hatte sie sich so klein, armselig und hilflos gefühlt wie jetzt angesichts einer drohenden Katastrophe.

Was sollte sie tun? Es gab keine Wahl. Sie bekreuzigte sich, rief den Erzengel Raphael, den Gefährten der Wanderer, zu Hilfe und begann den aufgeweichten Berg zu erklimmen. Völlig verschmutzt und entkräftet kam sie am Viadukt an. Aber das war nur der Anfang ihres Auftrags. Der Schnellzug kam vom anderen Ende und mußte aufgehalten werden, ehe er sich auf dem baufälligen Viadukt befand. Sie überwand ihre Angst und kroch über die Schwellen der Gleise. Wenn die Kräfte sie zu verlassen drohten, dachte sie an die hunderte von Menschen, Frauen und Kinder, die fröhlichen Herzens in die Erholung fuhren, und sie raffte sich wieder auf. Schließlich stand sie am anderen Ende des Viadukts.

Wie sollte sie aber mit ihrer zierlichen Gestalt den Zug aufhalten? Sie war schwarz gekleidet. Da fiel ihr ein, daß sie in jugendlichem Übermut, und weil sie es müde war, immer schwarz zu tragen, an diesem Morgen sich ein rotes Seidentuch unter dem Trauerkleid über die Schultern gelegt hatte. Mamsell hatte einen Zipfel davon erspäht und hatte ein Gezeter erhoben, aber Jadwiga hatte den Zipfel hineingestopft und sich das bunte Tuch nicht wegnehmen lassen. Jetzt holte sie dieses Tuch hervor und wartete.

Schließlich erschien der Zug wie eine schwarze Schlange. Sie begann zu winken, sie schrie, obwohl sie sich sagte, daß niemand im Zug sie hören könne. Plötzlich war es ihr, als ob der Zug langsamer fahre. Wahrhaftig! Er stand! Die Lokomotive ließ mit fürchterlichem Geräusch Dampf ab.

Was später geschah, wußte sie nicht mehr. Sie fand sich umringt von Männern und weinenden Frauen, sie umarmten sie, nannten sie: „Unser Engel Erretter". Unter ihnen war ein Gesicht, das sie irgendwo gesehen zu haben glaubte. Der Mann beugte sich zu ihr.

„Du bist doch Jadwiga, wenn mich nicht alles täuscht!", rief er aus. Sie erkannte in ihm den Chef ihres Vaters, den Justizminister Murawjow. Er umarmte sie, gab ihr ein Kreuzeszeichen auf die Stirn und trug sie in sein Coupé. „Wie hast du das bloß gemacht, du Engel, daß du uns errettet hast. Gott hat dich geschickt!" — „Es war nur mein Ungehorsam, Exzellenz, ich durfte ja gar nicht allein ausgehen. Wenn das jetzt meine Mutter erfährt, o je, o je! Das gibt eine Moralpauke, von ihr, von der Urgroßmutter und von all den vielen Tanten, das gibt ein Spießrutenlaufen, glauben Sie mir." — „Das läßt sich aber jetzt nicht mehr verschweigen. Alle Zeitungen werden von deiner Heldentat voll sein. Und warum sollen sie nicht? Müssen denn immer nur Morde und Attentate und Skandale darin stehen?"

Stunden später, als alle Reisenden auf Umwegen nach Essentuki und Kisslowodsk gebracht worden waren, gelangte Jadwiga in Begleitung von Minister Murawjew nach Hause. Die erschreckte Gouvernante reagierte ihre Angst und Bedrängnis in einer heftigen Schimpfkanonade ab. Schließlich mußte Murawjew alle ministerielle Autorität zur Geltung bringen, indem er sie anschrie; das brachte sie endlich zur Besinnung.

In der Nacht, als alle Unruhe sich gelegt hatte, dachte Jadwiga darüber nach, wie heilbringend eine plötzliche, unsinnige und unerlaubte Laune sein könne, und ob nicht Gott seine Hände mit im Spiel hatte, als sie das rote Tuch unter ihr Trauerkleid steckte. In Essentuki hieß sie fortan und alle Jahre, die sie dorthinkam, „unser Engel Erretter".

SASCHA ERSCHEINT

An einem Sonntag überraschte Jadwiga die Köchin und das Zimmermädchen bei einem aufgeregten Gespräch. Beide flüsterten, hatten bekümmerte Gesichter und bekreuzigten sich unaufhörlich. Jadwiga fragte nach dem Grund ihrer Erregung. Sie wollten sich nicht äußern, schüttelten bekümmert ihren Kopf. Aber sie vermochten schließlich ihr Geheimnis nicht zu bewahren. Sie berichteten, sie hätten in der Kirche einen dunklen Engel gesehen, einen traurigen Engel.

„So ein Unsinn, warum sollte euch gerade ein Engel in der Kirche erscheinen?!"

„Es war ja auch kein unkörperlicher Engel, Herrin, wir konnten uns nicht beherrschen und haben ihn unauffällig von hinten am Rockzipfel angefaßt. Er bemerkte es und drehte sich um, er sah uns streng an, mußte aber dann doch lächeln. Und wie er gelächelt hat, da erkannten wir, daß es doch ein Engel war!"

„Wie sah er denn aus?"

„Herrin, in deinem Zimmer hängt das große Bild, weißt du, der schöne Engel, ihr sagt Dämon dazu, der die Tamara in seine Arme nimmt. Genau so hat er ausgesehen!" Und sie bekreuzigten sich wieder. „Das ist ein Vorzeichen, Herrin, das hat bestimmt etwas zu bedeuten. Wir hatten beide gleich das Gefühl, der holt uns unser Täubchen aus dem Haus!" Jadwiga lachte, sie wußte nicht, sollte sie sich darüber ärgern oder den Aberglauben lächerlich finden.

In ihrem Zimmer hing ein Bild, eine Illustration zu dem Gedicht „Der Dämon" von Lermontow. Sie liebte das geheimnisumwitterte Bild sehr. Ihre Freunde fanden, daß sie der auf dem Bild dargestellten Tamara ähnlich sehe.

Einige Wochen später wohnte Jadwiga in der orthodoxen Kirche von Essentuki dem Gottesdienst bei. Sie stand aufrecht, fröhlichen Herzens, hingegeben dem unirdischen Gesang des Chors und sich vorstellend, daß die Engel Gottes in der Liturgie und im Mysterium der Wandlung und der heiligen Kommunion, im Kirchenraum anwesend, die Gebete der Gläubigen dem Herrn darbrächten. Da befiel sie ein Gefühl, daß jemand sie anschaue. Eine Weile widerstand sie der Versuchung, sich umzuwenden, aber schließlich gab sie nach und schaute sich um. Ihr Blick glitt über viele andächtige, innerlich leuchtende

Gesichter. Dann aber begegnete sie dem Blick eines jungen Mannes, der sie fasziniert fixierte. Sie erschrak, es war der Dämon aus ihrem Bild. Der Jüngling versuchte scheu zu lächeln. Jadwiga wandte sich ab. Eine Unruhe ergriff ihr Herz. Die Predigt des Priesters berührte nur ihr Ohr, sie drang nicht in sie hinein. Nach dem Gottesdienst drängte sie sich zum Priester, um das vorgehaltene Kreuz zu küssen, dann verließ sie die Kirche und lief so schnell sie konnte heim.

Das Gesinde spürte, daß etwas ihre Herrin erregte. Die Köchin fragte: „Hast du ihn gesehen?" Jadwiga nickte. Die Köchin seufzte und bekreuzigte sich.

Jadwigas jüngster Bruder Pawlik kam in den Schulferien aus Petersburg nach Essentuki. Er streunte durch den Kurort, durch die weite üppige subtropische Landschaft. Eines Tages sah er einen Angler. Angeln langweilte ihn, er konnte sich nicht vorstellen, welches Vergnügen man dabei haben könne, stundenlang an einer Stelle zu sitzen, ins Wasser zu starren und schließlich mit einigen fingerlangen Fischchen heimzukehren.

Er schlich sich an den Angler heran. Es war ein hochaufgeschossener junger Mann. Dieser wendete den Kopf und Pawlik schaute erschrocken in das Gesicht des „Dämons". „Warum erschrickst du denn so?", fragte Sascha, „ich tu dir doch nichts, allerdings störst du mich beim Angeln." — „Verzeih, aber du bist ja der Dämon!" — „Red keinen Unsinn, ich bin ein Mensch wie jeder andere!" — „Nein, das kann nicht sein, du bist der Dämon aus unserem Bild. Du siehst ihm ganz ähnlich, auf Ehrenwort!" Sascha lachte, er packte sein Angelgerät zusammen. Pawlik begleitete ihn über die Wiesen und forderte ihn auf, zu ihnen zum Tee zu kommen, er werde ihm sein Ebenbild auf dem Bild zeigen.

Das Zimmermädchen deckte derweilen den Teetisch im Gartenpavillon, der in der Nähe der Straße stand. Da erblickte sie Pawlik, der in Begleitung des „Dämons" sich dem Haus näherte. Sie erschrak, schrie laut auf und rannte ins Haus. „Herrin, Herrin, es ist passiert. Nun ist er da! Gott behüte uns! Er ist da, gleich wird er ins Haus eintreten!" Jadwiga begriff nichts. „Wer ist da, was soll die Aufregung, sprich doch endlich vernünftig!" — „Der Dämon, der Dämon!", hauchte das Mädchen. Jadwiga errötete. Sie begab sich zum Pavillon. Dort stand Pawlik und hielt seinen neuen Freund Sascha an der Hand. Sascha konnte seine Überraschung nicht verbergen. Er begrüßte Jadwiga und wollte ihre Hand nicht mehr loslassen. Pawlik staunte: „Ihr kennt euch ja bereits?" Sie lachten und nickten.

DIE WARNUNG

Jadwiga war siebzehn, Sascha achtzehn Jahre alt, als er um ihre Hand anhielt. Seine Mutter Olga Chomjakowa, die er sehr liebte, war in jungen Jahren verstorben. Er war fern der Heimat erzogen worden, weil der Vater Eigenbrötler war und nach dem Tode seiner Frau in eine tiefe Depression verfallen war. Beide Kinder sehnten sich nach einer häuslichen Geborgenheit, nach Liebe, die ihnen in ihrer Jugend nicht zuteil geworden war.

Jadwiga schrieb ihrer Mutter und bat sie um ihre Einwilligung und den mütterlichen Segen. Die Großmutter verweigerte ihn ihr, weil sie einer Verbindung Jadwigas mit einem Russen abgeneigt war. Sie war Polin und haßte die Russen. Saschas Vater telegrafierte: „Du bist noch zu jung, aber tu was du willst." Der einzige, der sich der jungen Menschen liebevoll annahm, war der alte Minister Murawjew. Er richtete in seinem Haus ihre Hochzeit und sorgte wie ein Vater für sie. Sie blieben zunächst im alten Haus in Essentuki. Aber es kam keine rechte Freude und Fröhlichkeit in ihnen auf. Sie litten uneingestanden darunter, daß ihre Ehe von den Eltern nicht gesegnet war.

Murawjew lud Sascha zu einem Ausflug ein. Jadwiga fühlte sich nicht wohl und blieb zu Hause.

Viele alte und junge Wanderer durchziehen das Mütterchen Erde von einem Ende zum anderen, sie pilgern zu berühmten Klöstern und erbitten sich den Segen der Äbte und der Starzen. Das Volk liebt sie, beherbergt sie, bittet sie um ihren Segen und um Rat und betrachtet sie als heiligmäßige Starzen. Es gibt unter ihnen auch Müßiggänger und Charlatane, die gerne sich an fremden Tischen verpflegen lassen, aber die meisten sind echte Gottsucher, Asketen und Weise.

Ein solcher Wandersmann kam zu Jadwiga. Sie ließ ihn bewirten, fragte ihn nach dem Woher und Wohin. Der Mann sah sie durchdringend an. „Verheiratet bist du schon, Töchterchen, bist doch selbst noch ein Kind. Was bist du denn für eine Hausfrau und Mutter? Deinen Händen sieht man es an, daß du noch keine Nadel eingefädelt und in keinem Kochtopf gerührt hast. Was bist du denn für eine Hausfrau? Wozu taugst du denn? Ist es von Gott etwa so gewollt, daß man sich bedienen läßt und nichts, aber gar nichts für andere tut? Nein, das ist nicht gottgefällig, das ist Sünde. Heiraten ist kein

Vergnügen, das ist Liebe und Pflicht der Herzen, ist ein füreinander Einstehen. Was ist denn das, du arbeitest nicht, er arbeitet nicht. Ihr glaubt, weil ihr jeden Sonntag zur Kirche geht, das wäre genug der Arbeit für Gott?! Gar nichts ist das! Solche Verbindung, auch wenn der Priester sie vor dem Altar gefügt, hat keinen Bestand. Für die Ehe muß man reif werden, man muß für den anderen bis an die Schwelle der Hölle gehen können und wie weiland der Heilige Orpheus sein Eheweib daraus herauszuholen wagen. Das ist Ehe! Was ihr aber macht, das ist nichts wie Spielerei von verwöhnten und launischen Kindern!"

Jadwiga weinte. „Du bist sehr streng mit mir, Väterchen, ich bin noch jung, es kann doch noch alles richtig werden." Er schaute sie prüfend an und schüttelte den Kopf. „Jung bist du, und ich alter Mann bin vielleicht streng. Gott ist streng, aber gütig in seiner Strenge, auch wenn er einen prüft, er läßt seine Hand nicht von dir. Aber wir Menschen wollen seine Zeichen nicht sehen, wir haben unseren Kopf, und nach dem handeln wir. Sieh, ich Dummer, Ungebildeter sag dir etwas. Du hörst es. Aber du glaubst, ich wisse nicht, daß meine Worte in den Wind gesprochen sind. Du lebst in deiner ererbten Gewohnheit. Deine Meinung ist: zum Arbeiten sind andere da, nicht ich. Und du wirst trotz meiner Worte, die aus langer Erfahrung stammen, auch weiter nicht arbeiten, und Gott wird weiter geduldig dir zuschauen, wie du es treibst. Und dann wird Unglück über dich kommen. So nennen das die Menschen, Not und Armut und Kälte und Hunger, aber dieses Unglück, von dem ihr glaubt, daß es das sei, das wird euer Glück werden, denn dann werdet ihr erst gewahr, wie nahe Gottes Auge und Gottes Hand über euch sind."

„Würdet ihr mir euren Segen nicht versagen, Väterchen, auch wenn ich unnütz bin?", fragte Jadwiga schüchtern und kniete vor dem Wandersmann nieder. Er bekreuzte sie. „Wie soll ich dich nicht lieben, Kind, wenn Gott dich lieb hat?"

Dann ging er weg. Jadwiga schaute ihm nach. Als Sascha heimkam, erzählte sie ihm von der Begegnung. Sie war recht bedrückt. Sascha wurde aufgeregt und böse. „Warum läßt du dir auch von jedem dahergelaufenen Burschen etwas vorerzählen? Woher nimmt er sich das Recht, dir ins Gewissen zu reden? Ich werde verbieten, daß man solches Gesindel ins Haus läßt!"

„Sprich nicht so, Sascha, es waren Gottes Worte, Gott selbst hätte nicht anders zu uns sprechen können. Aber wir haben wohl nicht die Kraft, danach zu handeln."

IN DEN WIND GESPROCHEN

Das junge Ehepaar beschloß, auf das Gut von Saschas Mutter im Gouvernement Tula zu ziehen. Dieses befand sich nicht weit von dem Gute Lew Tolstois. Das Gut hatte zwanzig Jahre keinen Herrn mehr gesehen und war total verkommen. In all diesen Jahren war nichts instandgesetzt worden, der Verwalter hatte getrunken und in seine eigene Tasche gearbeitet. Als Jadwiga und Sascha dort ankamen, war nichts für sie vorbereitet. Es war kein geschultes Personal vorhanden. Die jungen Menschen versuchten mit dem Mut der Verzweiflung, einige Zimmer in Ordnung zu bringen. Da sie jedoch technisch unbegabt und an Arbeit nicht gewöhnt waren, gelang dies ihnen schlecht. Jadwiga hatte noch niemals gekocht. Es galt hier zum mindesten Personal anzulernen und zu führen. Auch darin hatte sie keine Übung. Alles ging schief und es entstand eine Reizbarkeit, die ihr Glück zu ersticken drohte.

Beide hatten nicht gelernt zu arbeiten, dafür waren andere Menschen da. Sie hätten es mit einiger Mühe lernen können, aber ihre Gesinnung stellte sich dem entgegen. Sie sahen den Wert der Arbeit nicht ein und sie wollten nicht arbeiten. Die widrigen Umstände forderten eine Beherrschung der Lage, eine Führung im Haushalt und in der Wirtschaft. Sie aber ließen alles laufen, wie es lief, und es lief, wie alle schlecht organisierten Dinge, gar nicht. Das Gesinde, das nicht recht wußte, was es tun sollte, war gereizt, mürrisch und unlustig, und es herrschte in dem verkommenen Gutshaus ein unguter Geist. Die Nachbarn, die oft selbst nichts von der Führung eines Hauses verstanden, gaben gutgemeinte Ratschläge, mischten sich in ihre Angelegenheiten ein und erschütterten noch mehr den bereits gestörten Frieden des Ehepaars.

Schließlich erhielt Jadwiga einen Brief ihrer Mutter, die ihr mitteilte, sie sei ernstlich erkrankt, und sie bat, nach Petersburg zu kommen. Sie erwähnte Sascha mit keinem Wort. Jadwiga stand vor einer schweren Entscheidung. Ihre Pflicht war es, nach Petersburg zu fahren und die kranke Mutter zu pflegen. Die gleiche Pflicht mahnte sie, bei ihrem Mann zu bleiben. Was sollte sie tun, wem sich anvertrauen? Sascha würde aufbrausen und allein bei dem Gedanken, daß sie ihn verließ, beleidigt sein.

Als Sascha von einem Ausritt heimkehrte, überreichte sie ihm wortlos den Brief. Er überflog ihn, sein Gesicht verfinsterte sich. „Nicht einmal grüßen läßt sie mich, als ob es mich gar nicht gäbe. Natürlich fährst du nicht hin. Dein Platz ist jetzt an meiner Seite!" Sie schaute ihn lange an, er wich ihrem Blick aus.

„Sie ist meine Mutter und es ist meine Pflicht hinzufahren und sie zu pflegen. Sie ist eine kranke, einsame Frau." — „Und ich bin dein Mann!" — „Aber du bist gesund und sie ist krank, und das ist entscheidend. Ich fahre." — „Du wirst aber in wenigen Tagen zurückkommen?" — „Das kann ich dir nicht genau sagen, das hängt von der Gesundheit meiner Mutter ab. Ich gebe dir sofort Nachricht." Sascha war verstimmt und wortkarg. Am nächsten Tag brachte er sie zur Station. Der Zug brauste heran, sie verabschiedeten sich kühl, es hatten sich Mauern zwischen ihnen aufgerichtet. Jadwiga bestieg das Abteil erster Klasse. Es war leer und sie ängstigte sich. Sie ging durch die Korridore. In einem kahlen und unsauberen Abteil dritter Klasse saß ein junges, hübsches Bauernmädchen, es war schwarz gekleidet. Jadwiga hatte das Bedürfnis, sich irgendeinem Menschen mitzuteilen. Sie empfand das In-sich-Eingeschlossen-Sein als unerträglich. In ihrem ganzen jungen Leben hatte es keinen Menschen gegeben, dem sie sich hätte anvertrauen können. Ihrer Mutter war sie zu fremd, nie hatte sie Gelegenheit gehabt, mit ihrem Vater allein zu sein. Die Mutter war immer um ihn, sie schirmte ihn gegen seine eigenen Kinder ab. Der ernste Mann sprach nie zu ihr. Er war immer freundlich, er lächelte, manchmal gab er seiner Frau einsilbige Antworten. Jadwiga begriff dieses Schweigen als einen Schutzwall gegen die geschäftige und geschwätzige Aufdringlichkeit ihrer Mutter, die Jadwiga zuwider war. Dem Vorbild des Vaters folgend, flüchtete auch sie sich ins Schweigen. Sascha war der erste Mensch, zu dem sie in der Zeit ihrer ersten Liebe hatte von sich sprechen können. Aber jetzt, in der Atmosphäre der Gereiztheit, der Unzufriedenheit war dieser Quell versiegt.

Sie setzte sich dem Mädchen gegenüber auf die schmutzige Bank. Ihr Ausdruck von Reinheit und Naivität faszinierte Jadwiga. Das Mädchen sprang erschreckt auf und wollte davonlaufen. Jadwiga ergriff ihren Arm, den sie ihr entzog. „Aber bleiben Sie doch bitte sitzen. Ich will Sie nicht vertreiben. Ich wollte mich doch extra zu Ihnen setzen. Bitte bleiben Sie sitzen!" — „Nein, Eure Gnaden, Sie dürfen hier nicht bleiben, bitte bitte gehen Sie in Ihr Abteil zurück! Sie dürfen mit so einer wie ich nicht zusammensitzen. Ich flehe Sie in Gottes

Namen an!" — "Sie sind doch ein Mensch wie jeder andere, warum soll ich mich nicht zu Ihnen setzen?" — "Nein, Eure Gnaden, begreifen Sie doch, ich bin eine »solche«, ich bin nicht würdig!" — "Reden Sie keinen Unsinn, Kind! Was heißt das, eine solche, was für eine sind Sie?" — "Ach, wenn Sie mich doch verstehen würden, ich bin eine, die durch die Straßen geht und Männerbekanntschaften macht und Männer zu sich nimmt! Sie dürfen wirklich nicht mit mir gesehen werden!"

Jadwiga begann zu ahnen. Die Welt ihrer Jugend war behütet gewesen, sie hatte nicht viel von dem Leben gewußt, das jenseits des Smolny Instituts und der Hausmauern sich abspielte. "O, das ist ja schrecklich, Sie armes Geschöpf! Das ist wirklich schrecklich! Kann ich Ihnen irgendwie helfen, könnten Sie nicht einen anderen ehrlichen Beruf ergreifen? Sie sind doch sicher durch Verführung auf diesen Weg gekommen?"

Das Mädchen schaute Jadwiga verdutzt an. "Nein, wieso denn, ich habe ihn selbst gewählt." — "Wie kann man denn so etwas Schreckliches selbst wählen? Sie reden wirklich wirr!" — "Wenn ich Ihnen doch sage, daß ich ihn freiwillig gewählt habe. Es blieb mir vielleicht auch keine andere Wahl. Sehen Sie, ich komme von der Beerdigung meines Vaters. Sie und der Herr hatten ja die Güte an der Beerdigung teilzunehmen, und Sie gaben meiner Mutter auch Geld. Ich werde es Ihnen nie vergessen. Aber darum sollten Sie nicht weiter mit mir sprechen!" Jadwiga erinnerte sich jetzt, das Mädchen bei der Beisetzung eines Dorfbewohners gesehen zu haben. Da sie erst kurze Zeit auf dem Gut wohnten, hatten sie noch keine Gelegenheit gehabt, die Dorfbewohner näher kennenzulernen.

"Er soll sehr lange krank gewesen sein, Ihr Vater?" — "Ja, er hatte die Schwindsucht und konnte seit Jahren nicht arbeiten, und ich habe sechs kleine Geschwister. Wie sollte das Leben weitergehen? Da fuhr ich in die Stadt und wurde Prostituierte." — "Aber Sie konnten doch in einem Haushalt, oder als Näherin oder Serviererin dienen! Das wäre doch ein ehrbarer Beruf!" — "Nein, Euer Gnaden, das konnte ich nicht. Die verdienen fünfzehn oder zwanzig Rubel im Monat. Das hätte nie zu Hause gereicht, und man muß sich doch auch ordentlich kleiden."

"Aber wie halten Sie das aus, diesen Schmutz, diese Erniedrigung, das verstehe ich nicht!" — "Schmutz, sagen Sie, Schmutz? Den gibt es überall, den gibt es auch in der Ehe, auch bei den Unverheirateten, wenn Sie so wollen, die ganze Welt watet durch Schmutz." Sie dachte eine Weile nach. „Ach nein, wenn Sie so wollen, mag mein Leben schmutzig sein, und wenn ich in die Kirche gehe — ich bleibe in der hintersten Ecke stehen, ich wage es auch nicht zur Kommunion zu gehen und das Kreuz zu küssen. Der Priester würde mich vielleicht nicht verstehen. Aber einer versteht mich, das weiß ich, denn er war Freund der Maria Magdalena, die den gleichen Beruf hatte wie ich, und er ließ es nicht zu, daß die ehebrecherische Frau gesteinigt wurde. Und das gibt mir Trost und auch Freude. Wenn Er jetzt käme, Er würde mich begreifen. Schmutz, sagen Sie? Für mich ist das kein Schmutz. Sie, die Männer, kommen nicht zu mir, um sich oder mich zu beschmutzen. Sie suchen etwas anderes. Sie suchen die Liebe, die Liebe, von der sie glauben, daß dies die Liebe sei, in ihrer Unschuld und Unkenntnis, und andere suchen sie, weil sie sie bei ihren Frauen nicht finden. Und glauben Sie mir, für einige Stunden oder Minuten sind sie wirklich gelöst und glücklich."

„Aber, das ist doch eine fürchterliche Lüge, Sie geben ihnen die Illusion von Liebe, und Sie können ihnen doch gar keine Liebe schenken. Sie müssen sich doch ekeln, etwas, was sonst von der Kirche geheiligt wird, gewerbsmäßig auszuüben!" — „Warum glauben Sie, daß ich sie nicht liebe? Sie sind doch alle Suchende, sie ziehen wie der Bräutigam die besten Kleider an, sie haben gute Manieren. Warum sollte ich sie nicht lieben? Ich liebe sie alle, ich lebe ja von ihnen, und meine Familie lebt davon, und dann muß ich doch dankbar sein, ich will sie doch nicht enttäuschen." — „Weiß denn um Gottes Willen Ihre Familie davon, was Sie tun?" — „Die Mutter weiß es und sie betet für mich. Der Vater wußte es nicht, Hauptsache das Geld kam ins Haus, er fragte nie, aber Sie müssen nicht denken, daß er nicht dankbar war."

„Verzeihen Sie, aber es ist alles so neu für mich und so furchtbar, ich vermag es einfach nicht zu begreifen; es ist doch eine schwere Sünde!" — „Was ist Sünde, Euer Gnaden? Ich höre so vieles von den Männern, wenn sie von ihrem Zuhause erzählen, von dem Zank, den Kleinlichkeiten, die ihre Liebe ersticken, von dem falschen Stolz der Frauen, von der grundlosen Eifersucht und dem Mißtrauen, und dann denke ich oft, ist das nicht vielleicht eine noch viel größere Sünde als die meine, jene Sünde der Lieblosigkeit."

Jadwiga erblaßte. Hatte ihr nicht die Muttergottes dieses Mädchen in den Weg gesandt, um sie zu belehren, um ihr zu sagen, was wirklich Liebe sei? Hatte sie sich je um Saschas willen gebeugt, ihm nachgegeben, oder war sie nicht immer bei ihrer Meinung geblieben?

Hatte sie ihn nicht durch ihren Eigensinn und gekränkten Stolz verletzt, war sie sogleich bereit ihm zu verzeihen oder um Verzeihung zu bitten, oder schmollte sie so lange, bis keiner von beiden das lösende Wort mehr fand?

„Ich habe seine Gnaden bei der Beerdigung gesehen. Ein guter Mensch ist er. Aber wie eine Maus in der Falle, verzeihen Sie, daß ich Ihnen das zu sagen wage. Er reißt und zerrt, aber die Falle geht nicht auf. Und die Falle ist er selber. Seine Grundsätze sind stärker als er selbst, er springt nicht darüber hinweg. So sind viele von eurem Stand, stolz und unbeugsam sind sie, und daraus kommt viel Unglück. Dann suchen sie Vergessen bei uns, ein kurzes Glück, eine Aussprache, eine Entspannung und ein Verstehen. Wenn die Frauen es verstünden, viel mehr zu lieben, richtig zu lieben, mit dem Herzen und mit der Seele, dann brauchte man uns nicht." —

Jadwiga erhob sich und umarmte spontan und mit Herzenswärme das Mädchen. „Ich danke Ihnen, ich danke Ihnen sehr. Sie haben mir eine Antwort gegeben, nach der ich suchte, immer suchte, ich fand sie aber nicht. Die heißt — mehr lieben, viel mehr lieben. Ich habe es begriffen. Aber sehen Sie, auch ich bin eine Maus in der Falle. Und die Falle, das sind meine Erziehung, meine Vorurteile, die anerzogenen Reaktionen, der unchristliche Stolz, die Empfindlichkeit, die Ungeduld, die Eitelkeit, die Selbstgerechtigkeit. Ich zerre schon daran, aber ich weiß, ich komme nicht da heraus. Die Falle ist stärker als die Maus."

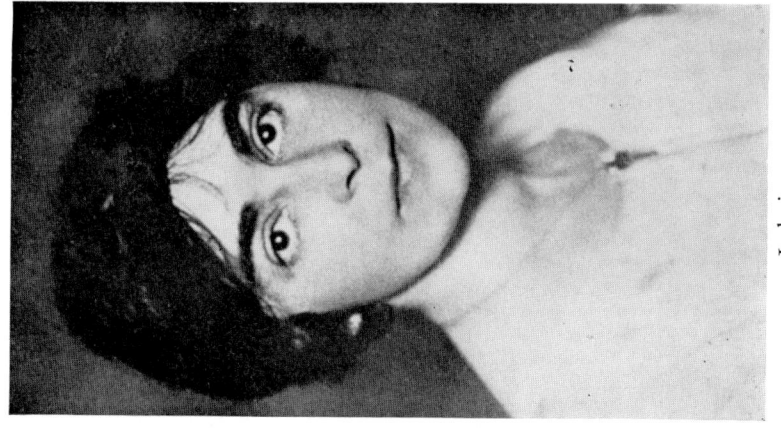

Jadwiga

Mumienporträt aus Fayûm
um 160 n. Chr.

BEGEGNUNG

Ihre Ehe zerbrach nach einer Auseinandersetzung. Beide fanden keine Worte der Liebe und der Versöhnung zueinander. Sascha verließ in Wut und Erregung das Haus und kam nicht wieder. Vordergründig sagte er sich, daß diese Ehe zu früh geschlossen worden sei, sie seien beide weder reif noch erfahren genug dafür gewesen. Er glaubte sich nicht genug geachtet, nicht verstanden, nicht richtig und liebevoll behandelt. Das alte Blut des Patriarchen und Haustyrannen rumorte in ihm, er wollte der alleinige Herr im Hause sein, er wollte den Ton angeben. Jadwiga sei in westlichen Grundsätzen erzogen, sie betone die Gleichberechtigung der Eheleute, sie wolle ihren Willen durchsetzen. Sie begeistere sich für die Lehren seines Verwandten Tolstoi, den er, Sascha, für einen Volksverderber hielt. In allen wichtigen Punkten schienen ihre Ansichten entgegengesetzt zu sein.

Wie seltsam war es doch im Anfang ihrer Bekanntschaft gewesen, da war ihm Jadwiga als ein überirdisches Wesen erschienen, als ein wunderbarer Mensch, der einzige, mit dem er ein Leben lang zusammenleben mochte. Nun waren mehrere Monate vergangen, und jetzt schien ihm, er könne nicht mehr mit ihr zusammenleben. Hatte sie sich denn so sehr verändert in dieser kurzen Zeit? Wenn er es recht überlegte, mußte er sich sagen, nein. Die albernen Winzigkeiten des Alltags waren es, die wie zäher Leim über ihre Liebe sich ergossen und alles verklebt hatten. Eine innere Stimme flüsterte ihm zu, daß er den größeren Anteil der Schuld trage, daß er ungeduldig, reizbar, launisch und verschlossen gewesen sei und daß er die unbedeutendsten Vorgänge nicht zu verzeihen vermocht habe. Kleinste Ärgerlichkeiten waren aufgebauscht worden und schließlich war das Leben zu einer Kette von Ärgernissen geworden.

Er mußte erst mit sich und seinem Unglück fertig werden. Er reiste nach Deutschland, Frankreich, Italien, die Schweiz und England. Aber wo er auch hinreiste, er fand überall nur sich — Sascha Tschelistscheff — einen verschlossenen, nicht sehr freundlichen, melancholischen jungen Mann. Die Mädchen, denen er begegnete und die dem schönen Jüngling zulächelten, fand er langweilig, keine konnte sich mit seiner Jadwiga vergleichen. Seiner Jadwiga? Sein überspitzter Stolz verbot ihm, an sie zu schreiben.

Auf der Promenade in Nizza begegnete er seiner Tante, Fürstin Maria Lwow, der Schwester seines Vaters. Sie nahm ihn zu sich heim und fragte ihn aus. Er erzählte ihr alles. Während des Erzählens wurde ihm der Anteil seiner eigenen Schuld erst voll bewußt. „Fahr doch gleich hin und bring alles in Ordnung, und ihr fangt von vorne an, aber nicht wieder so blöd wie zwei kleine Kinder. Inzwischen werdet ihr beide etwas erwachsener geworden sein!" — „Ich kann nicht zurück, Tante Maria, es ist zu lange her, und ich fände nicht die rechten Worte, alles käme mir geschraubt und verlogen vor. Wie könnte ich mein bisheriges Verhalten erklären? Es gibt Dinge, an denen man sich schuldig macht und die man nicht wieder an ihren alten Platz stellen kann." — „Aber du reist durch die Länder wie eine leere Puppe, was suchst du? So, wie du es jetzt anstellst, wirst du weder sie noch dich selbst wiederfinden. Tu doch etwas Vernünftiges, studiere oder arbeite, oder geh für eine Weile auf die Eremitage bei Rybinsk. Dein Ururgroßvater Iwan Petrowitsch hat sie sich als Refugium erbaut. Er hat dort zwanzig Jahre seines Lebens in Meditation und Einsamkeit verbracht. Geh dorthin, lies viel, denk ein wenig nach und komm zu dir. Wenn du zu dir gekommen bist, dann kannst du tun, was du willst, und alles gereicht dir zum Segen." —

Sascha befolgte den Rat seiner Tante. In der Stadt Rybinsk suchte er vergeblich seine Equipage. Man hatte offenbar verabsäumt, ihn abzuholen. Das verdroß ihn sehr. Er schaute sich nach einem Iswostschik (Fuhrmann) um. Er fragte ihn, ob er den Weg zur Eremitage kenne. Dieser kratzte sich am Hinterkopf. „Jaaa, da war ich mal als Kind. Das werden wohl an die fünfzehn Werst sein. Den Weg kenn ich. Wollt ihr dorthin?" Sascha stieg ein und sie fuhren. Eine breite, wenig befahrene Schneise führte durch den Wald. Nach anderthalb Stunden Fahrt kamen sie an eine sehr dichte, lange nicht mehr beschnittene Hecke.

„Wir sind angekommen", sagte der Kutscher. Sascha staunte. „Fahr doch nur weiter, da muß doch eine Einfahrt sein." — „Die haben keine Einfahrt, nie gab es da eine Einfahrt. Ein kleines Törchen muß aber hier irgendwo sein." Sie fuhren ein Stück weiter und fanden ein hölzernes Törchen. Der Iswostschik holte das Gepäck aus der Kalesche und stellte es vor Sascha hin. „Willst du es mir nicht hineintragen?", fragte Sascha, er war es nicht gewohnt, sein Gepäck zu tragen. „Och nein, Herr, tu du es lieber selbst, ich bleibe draußen. Mir ist es da nicht geheuer." Er bekreuzigte sich.

Sascha ergriff seine Koffer und durchschritt das Tor, das einen kläglichen Laut von sich gab. Der schmale Weg führte in Kurven, bis er zu einer Lichtung gelangte. Saschas Augen bot sich ein seltsames Bild. Mitten in der Wildnis stand ein Miniaturschloss, einstöckig, überkuppelt, mit Fenstern, die bis zum Boden reichten. Es war ihm, als habe er eine Seite seines geliebten Märchenbuches aufgeschlagen. Ein würdiger alter Herr, begleitet von zwei Borsoi-Hunden, erschien und kam Sascha entgegen. Er begrüßte ihn herzlich wie einen alten Bekannten und freute sich, Sascha in der Eremitage beherbergen zu dürfen.

Sascha ging die drei breiten Stufen zum Schlößchen hinauf. Er stand in einem ovalen Raum. Es begann bereits zu dämmern. Die Gegenstände verloren ihre Umrisse. Aus einem mannshohen Gegenstand blickte ihn ein vertrautes Antlitz an. Er glaubte an einen Scherz. Es war das Gesicht von Jadwiga. Er blieb betroffen stehen. War es eine Täuschung? Er hörte die Stimme des alten Mannes: „Erschrecken Sie nicht, Aleksandr Sergejewitsch, das ist ein Mumiensarg, den Ihr Urvater Iwan Petrowitsch aus Ägypten mitgebracht hat. Schauen Sie sich doch, wenn es Sie interessiert, diese unglaubliche Feinheit des Portraitkopfes an, er ist so frisch, als ob er erst gestern geschnitzt und gemalt worden wäre!" Sascha zündete einen Kandelaber an und beleuchtete die Mumie. Was er in der Dämmerung nur geahnt hatte, wurde ihm Wirklichkeit. Es war das Portrait von Jadwiga. Alle Einzelheiten und die Proportionen stimmten. „Das ist doch unmöglich!", rief er aus. „Das ist meine Frau Jadwiga!" — „Nichts ist unmöglich", sagte der Alte mit leiser Stimme wie zu sich selbst. „Die Lebenden sterben und kommen wieder, um das zu vollenden, was unerledigt geblieben war." — „Ist das die Lehre von der Reinkarnation?", fragte Sascha. Der Alte nickte.

Dem jungen Herrn wurde das Schlafzimmer und das Kabinett seines Urahnen zum Wohnen angewiesen. Im Schlafzimmer stand ein einfaches eisernes Bettgestell, ein Eisbärenfell war über einer dünnen mit Stroh gefüllten Matratze ausgebreitet. Bären- und Wolfsfelle lagen auf dem Boden. In der Ikonenecke hing ein wunderbares Bild der Wladimirschen Muttergottes. Das ewige Licht und zwei Kerzen beleuchteten es. Der Christusknabe schien golden zu glühen. Das rote Gewand war ganz fein auf den durchscheinenden goldenen Grund gemalt. Rechts davon hing die Ikone des Heiligen Pantaleimon, des Arzt-Märtyrers, und links eine seltene Ikone, die den Erzengel Raphael mit dem Knaben Tobias darstellte, den Beschützer der Wandernden und den großen Heiler. Neben der Muttergottes von Wladimir hing ein alter, vergriffener hölzerner Rosenkranz, der offenbar Iwan Petrowitsch gehört hatte.

Sascha nahm mit Andacht den Rosenkranz, pustete den Staub von ihm ab, küßte ihn und ließ ihn durch seine Finger gleiten. Ein uraltes Gebetbuch war aufgeschlagen, und Sascha las das Gebet, das er zwar sehr liebte, aber mit dem Herzen nicht recht begriff: „Erfüller alles Guten bist du, mein Christe, erfülle mit Freude und Heiterkeit meine Seele und errette mich, du Vielerbarmender!"

Das mit der Freude ging Sascha nicht ganz auf, denn sein Herz hatte wenig Freude erlebt, und er war es auch bisher nicht gewohnt, anderen Freude zu bereiten; aber er sehnte sich nach der Freude, und er betete dieses Gebet langsam und in Andacht. Er kostete die Worte auf seinen Lippen, und Friede und Freude zogen in sein Herz ein, es war ihm, der die Perlen des Rosenkranzes hielt, als ob sein Urahne an seiner Seite stünde und mit ihm betete, ja es betete in ihm. Es war das erstemal in seinem Leben, daß er das Geheimnis der Kraft des Gebets verspürte: daß er gar nicht selbst betete, sondern eine andere, größere und hellere Macht in ihm sprach das Gebet, und doch war er es auch selbst.

Ein alter Diener bat den jungen Herrn zu Tisch. Im ovalen Saal war der Tisch festlich für zwei Personen gedeckt. Sascha staunte. Wer war denn die zweite Person? Der alte Herr, der ihn empfangen hatte, erschien und bat Sascha feierlich sich niederzusetzen. Er schaute Sascha ernst an und sagte unvermittelt: „Ja, Iwan Petrowitsch war ein großer Beter, ein demütiger Beter. Solch ein Beten lebt weiter, es setzt sich in den Räumen ab, es strahlt und wärmt, und es lehrt die Jüngeren beten."

Sascha wußte nicht, wie er sich dem alten Herrn gegenüber verhalten sollte. Für einen Diener sah er zu vornehm aus, aber wer war er — der Verwalter? Aber ein Verwalter würde nicht die Kühnheit besitzen, sich an den Tisch des Herrn zu setzen. Der alte Herr erriet Saschas Gedanken, er lächelte. „Ich weiß, Sie möchten wissen, wer ich bin. Ich sehe, Ihr Vater hat Sie nicht genügend informiert. Ich bin Nikolai Buturlin. Unser Geschlecht ist mit dem Ihren nahe verwandt. Mein Urgroßvater war der beste Freund und Waffengenosse von Iwan Petrowitsch. Sie werden wissen, daß Iwan Petrowitsch einer von den einundzwanzig geheimen Rosenkreuzern in Rußland war. Auch sein Freund war es. Für ihn erbaute er im Park eine Dependance. Seitdem wohnen wir hier und ich betreue in vierter Generation die Eremitage und das geistige Erbe des Iwan Petrowitsch."

— „Warum gibt es hier denn keine Einfahrt und ich sehe keine Wirtschafts- und Gesindegebäude und keine Remisen?" — „Dieses Schloß ist eine Eremitage, eine Einsiedelei. Im Unterschied zu allen pompösen Schlössern, die sich Eremitage nennen, ist dies wirklich eine Einsiedelei, und Ihr Urahne war ein weiser Einsiedler. In diesem Haus trafen sich die Rosenkreuzer zur Zeit der großen Katharina und bis zur Mitte des vorigen Jahrhunderts. Niemand sollte hier mit einer Equipage vorfahren, wer kam, kam zufuß und trug sein Gepäck selber. Dies ist ein Haus der Meditation."

„Aber ich weiß doch so gut wie gar nichts von diesen Dingen, werde ich denn hier geduldet?", fragte Sascha schüchtern. „Sie sind der Herr, und wir warteten schon lange auf Sie. Sie hätten früher kommen sollen, aber jeder Mensch hat seine Zeit. Aus diesem Haus ist noch niemand so hinausgegangen, wie er hereingekommen war. Niemand kann sich der Atmosphäre, die hier weiterwirkt, entziehen. Es ist ein Ort der Einweihung." — „Wer ist es denn, der mich einweihen wird?", fragte Sascha schalkhaft. Nikolai Buturlin lächelte. „Es ist Ihr Urahne Iwan Petrowitsch, es ist mein Urahne Buturlin, es ist Ihr Urgroßvater Aleksandr Iwanowitsch und alle ihre Söhne mit Ausnahme Ihres Vaters, der nie hier war. Wir alle haben sehr auf Sie gewartet, Aleksandr Sergejewitsch!" — „Sie sprechen von ihnen, als ob sie lebendig und gegenwärtig wären." — „Sie sind gegenwärtig, nicht leiblich, aber auf eine besondere Weise, es hat sich so viel von ihrem innersten Wesen hier verdichtet, daß es fortwirkt, und niemand, der hier zugelassen wird, kann sich dem entziehen. Sehen Sie, Sie schlafen im Bett, in dem Iwan Petrowitsch geschlafen hat, Sie werden an seinen Träumen und Gedanken teilhaben, und Gedanken, die in der Nacht gedacht werden, haben besondere Kraft. Sie haben seinen Rosenkranz berührt. Welche Kraft des Gebets eines Beters, das viele Stunden am Tag und in der Nacht jahrelang vollzogen wurde, ist in diesen scheinbar leblosen Holzperlen eingeprägt. Sie beteten aus dem gleichen Gebetbuch und Sie küßten die Wladimiskaja Muttergottes, die sie alle vor Ihnen auf dieselbe Stelle geküßt haben. Glauben Sie, daß das wirklich ohne Einfluß auf Sie bleiben kann, diese geistige Filiation? Sie wissen, daß seit Christus die Priesterweihe durch die Handauflegung des Bischofs geschieht. So pflanzt sich diese Berührung der Hand von Christus her bis auf den fernsten Priester der orthodoxen, der katholischen und der koptischen Kirche fort. Das ist eine Macht, eine unsichtbare Macht. In diesem Zeichen kann einer in Christi Namen Kranke heilen. Und hier in diesem

Hause vollzieht sich diese gleiche Filiation aus dem Geiste. Von Christus her, und noch weit weit über Christus hinaus, bis auf den ersten Menschen Adam; denn alles, was in Christus mündete, war schon vorher, anders, der Zeit und dem Volk entsprechend präformiert, und alles wirkte aus dem Heiligen Geist, und der Sohn war unsichtbar, aber als Versprechen des Vaters in allem dabei." —

Sascha stand an der Schwelle einer neuen Welt und neuer Erfahrungen. Seine Ahnen belehrten ihn durch den Mund eines Boten und er nahm die Lehren mit zunehmendem Staunen und in Ehrfurcht an.

Nach dem bescheidenen Mahl führte Buturlin Sascha durch das Haus. Sie blieben wieder vor der Mumie stehen. Sascha streichelte mit innerem Beben den Holzsarkophag. Aus der Ferne der Jahrtausende strahlte ihn Jadwigas Antlitz an. „Sie sieht genauso aus wie Jadwiga. Wenn man sie heute portraitieren würde, sie würde kaum anders aussehen. Wie ist solche Ähnlichkeit nur möglich?" — „Wundert Sie das, glauben Sie, daß das zufällige Begegnungen sind? Nach der Bhagavadgita kehren die Seelen der Menschen zur Erde zurück, um sich Strecke um Strecke weiter zu vervollkommnen, um gottähnlicher zu werden. Es ist ihr Auftrag, sich auf das Bild des Engels hin zu entwickeln. Das ist ein sehr weiter Weg, an seinem Ende stehen solche Gestalten, wie der Heilige Augustinus, der Heilige Franz, der Heilige Sergius, der Heilige Serafim, und wie der Starez Amvrosii von Optina, und wie Iwan Petrowitsch. In ihnen ist alles Allzumenschliche, alle bösen Triebe, aller Neid und Haß, Mißgunst, Empfindlichkeit, Scheu, Geltungsdrang, Traurigkeit, Lieblosigkeit verbrannt im Feuer der Liebe zu Christus. »Prepodobnyie«, sagen wir, Engelgleiche sind sie. Und ein Strom von Segen strömt aus ihnen. Begegnet man ihnen, so wird man eingehüllt in ihre Liebe, ihre Ruhe, ihren Frieden, ihre Freude, und das Ungute in einem schmilzt dahin. Die Welt lebt nicht von den Politikern, den Machthabern und den Reichen, die Welt lebt von diesen verkleideten Engeln, die überall in der Welt ihren Auftrag haben, die im Verborgenen wirken — von ihrer Liebe, von ihren Gebeten leben wir alle."

Der alte Mann geleitete Sascha in seine Räume. Im Kabinett hob er den Kandelaber und beleuchtete das Portrait eines Mannes in Allonge-Perücke, in der Uniform des Obersthofmeisters. Sascha sah lange hin. „Denken Sie sich die Perücke weg, ist es nicht Ihr Gesicht, die gleichen Züge von Strenge und Selbstdisziplin, und von Güte?" Buturlin legte seine Hand behutsam auf Saschas Schulter. „Die Strenge ist schon ganz deutlich da, und die Selbstdisziplin folgt, und ihr wird die Güte folgen. Das war die Reihenfolge auch bei Iwan Petrowitsch."

Einem plötzlichen Impuls folgend, warf sich Sascha vor dem alten Mann auf die Knie, ergriff seine Hand, küßte sie und bat: „Vater, segnen Sie mich bitte!" Buturlin hob ihn auf, küßte ihn und machte das Kreuzeszeichen auf seine Stirn. „Ich segne dich, mein Sohn." Sascha dachte daran, daß er nie von seinem Vater gesegnet worden sei. Aber dieser hier, der ihm den Segen seiner Ahnen spendete, wurde ihm mehr als ein Vater.

Lange kniete er vor der Wladimirskaja, hielt in Händen den Rosenkranz von Iwan Petrowitsch, und eine noch nie erlebte Freude zog in sein Herz. Er schlief im harten Bett bald ein. Ein Mann war da im Raum, Sascha konnte sich später nicht entsinnen, ob es ein Traum war. Der Mann konnte Iwan Petrowitsch sein, es konnte auch er, Sascha sein, viele Jahre älter, als er damals war. Der liegende Sascha fragte den anderen, ob er Jadwiga wieder begegnen würde. Dieser nickte. Etwas in Sascha selbst sagte: „Später, am anderen Ende deiner selbst." Er begriff und war dankbar.

Er blieb mehrere Jahre in der Eremitage unter der Führung Nikolai Buturlins. Sein Wesen wurde dem seines Ahnen Iwan Petrowitsch immer ähnlicher. Wenn er jetzt zum Portrait im Kabinett aufschaute, lächelte er ihm freundlich und dankbar zu, und seine Züge verloren an Strenge, gewannen aber an Freundlichkeit und Güte, und es war ihm, als ob er in sich selbst hineinschaute. Und schließlich, nach einer weiteren Zeit, als er alles über das Sein und die Lehren des Iwan Tschelistscheff erfahren hatte und dessen Lehren sein eigener geistiger Besitz geworden waren, war es ihm, als ob er, Sascha, oder er, Iwan, ununterbrochen einhundertfünfzig Jahre an jenem Orte gelebt und gewirkt hatte.

Dann sandte ihn Buturlin wieder in die Welt der Begegnungen hinaus.

Nachtrag zu dieser Geschichte:

FÜGUNG IN DER BEGEGNUNG

Wer auf die Zeichen achtet, dem werden sie zuteil. Der Zen-Meister sagt: „Hast du bemerkt, wie die Kieselsteine der Straße nach dem Regen sauber und glänzend sind? Wahre Kunstwerke! Und die Blumen? Kein Wort kann sie beschreiben. Man kann nur ein bewunderndes »Ah« ausrufen. Du mußt das »Ah« der Dinge verstehen!"

Man muß das „Ah" der Dinge verstehen! Die vorstehenden Geschichten hörte ich aus Erzählungen meiner Mutter und meines Vaters und las sie zum Teil in ihren Aufzeichnungen. Gestern, am 2. Januar 1966, schrieb ich die letzte Geschichte auf. Da dachte ich, es wäre gut, ein Bild meiner Mutter einem Mumienbild von Fayyum aus dem zweiten nachchristlichen Jahrhundert gegenüberzustellen.

Eines Tages fand ich in einer Zeitung ein Bild meiner Mutter, ich staunte und fragte mich nach dem Anlaß solcher Veröffentlichung. Als ich aber näher hinsah, war es die Photographie eines Mumienbildes. Ein Photo meiner Mutter und jenes Bild sehen sich zum Verwechseln ähnlich. Es ist nicht zu vergleichen mit dem Mumienbildnis aus der Eremitage, dieses stammt aus dem zwölften vorchristlichen Jahrhundert aus Mittelägypten.

Einen der Weihnachtstage verbrachten wir in Freude und Weihe im Hause unserer Freunde, des Pfarrers Dr. Harald Poelchau, der als Pfarrer von Plötzensee in der Nazizeit in der ganzen Welt bekannt geworden ist, und bei seiner Frau Dorothee. Man sprach über die vergangenen Jahre, die Freunde, die diese Welt verlassen hatten, Martin Buber, die Tierpsychologin Julie Schlosser, und man sprach über die blinde Freundin, Tante Natascha von Miller, Prinzessin Nikifor Galizki. Ich zeigte den Freunden ein Geschenk von ihr, ein Armband aus der Bronzezeit, das in der Krim unter einem antiken griechischen Dorf ausgegraben worden ist. Ich trug es als Zeichen der Verbindung mit unbekannten Urahnen. Da sagte Dorothee: „In Charlottenburg, im Stühlerbau, sind skythische Schmucksachen ausgestellt."

Heute hatte ich freie Zeit und fuhr dorthin. Ich fand das Antikenmuseum und fragte nach der skythischen Abteilung. Niemand wußte etwas davon. So durchwanderte ich staunend und beglückt die Antikensammlung. Als ich umkehren wollte, sagte mir ein Wärter: „Im oberen Stock sind noch zwei Zimmer, wenn Sie dahingehen wollen?" Eigentlich hatte ich schon genug. Dann dachte ich: „Warum sagt er es dir? Geh hin." Und oben fand ich skythischen Schmuck, der mich faszinierte. Aber ich fand noch etwas anderes. Es waren dort eine ganze Reihe von Portraits aus der Gegend von Fayyum ausgestellt. Plötzlich stand ich vor dem Bildnis meiner Mutter. Ich stutzte und holte tief Atem. Gestern noch schrieb ich an jener Geschichte und überlegte, wo ich wohl das Bild herbekommen könnte. Und zwei Boten Gottes führten mich, ohne um den Kern der Angelegenheit zu wissen, auf den Weg. Ich bedankte mich bei dem Wärter und sagte ihm, daß er mir einen sehr wichtigen Hinweis gegeben habe. Er lächelte erfreut.

Dann rannte ich die Treppen hinunter und fragte den Portier, ob er Bilder von den Mumienportraits von Fayyum habe. Er hatte nur noch zwei. Einen schönen Männerkopf; dann kramte er weiter. „Wissen Sie, die werden wenig verlangt, sie sind alle ausverkauft. Man müßte sie neu bestellen." Er fand aber doch, was er suchte, es war der Kopf meiner Mutter. Ich brachte die Photographie heim und zeigte sie ohne Kommentar meiner Frau. Sie sagte: „Wo hast du dieses Bild deiner Mutter her, ich kannte es noch gar nicht."

EIN GESTRENGER ENGEL

Als Knabe mußte ich alle zwei oder drei Monate zu meiner Patenmutter, der Großfürstin Elisaveta Feodorowna, der Schwester der Zarin, zur Hirnwäsche. Der Pate spielt in Rußland eine sehr wichtige Rolle, er ist für die christliche Erziehung der ihm von Gott anvertrauten Kinder verantwortlich, und er nimmt es ernst. Tante Ella war ursprünglich eine hessische Prinzessin gewesen, und sie nahm es noch viel ernster als die russischen Pateneltern, die es nicht so genau nahmen. Ich wurde von einer Hofdame telefonisch eingeladen, nach dem Palais in Woronzowo Pole zu kommen. Ich bekam regelmäßig Tage vorher Kopf- und Magenschmerzen. Es hatten sich immer so viele Sünden angesammelt, und man wurde gnadenlos durchleuchtet. Seltsamerweise kannte Tante Ella die meisten meiner Sünden. Es ist mir bis heute unbegreiflich, aus welchen Quellen sie dieses Wissen bezog. Ebenso schrecklich war es, daß wir miteinander allein blieben, man konnte das Gespräch nicht auf andere ablenken.

Es gab immer den gleichen guten englischen Tee aus silbernem Rechaudgeschirr und langweilige Cakes. Tante Ella war ernst und streng, und ich hatte den Eindruck, daß ich ganz allein ihr so viel Kummer bereite. Manchmal tadelte sie meine Mutter der Unfähigkeit, mich richtig zu erziehen. Mir konnte sie alles vorwerfen, sie durfte aber nicht die Ehre meiner Mutter angreifen, dann wurde ich ernstlich böse. Mama trichterte mir vor jedem Besuch ein: „Bitte, widersprich ihr nicht, ich bitte dich, denke daran!" Wie gerne hätte ich ihr widersprochen, wie gerne hätte ich ihr gesagt, wovon ganz Moskau sprach, daß sie die ihr anvertrauten Kinder ihres Schwagers, des Großfürsten Paul, gar nicht gut erzogen habe. Aber solche Worte sprangen nicht über die Schwelle meiner Lippen.

Nachdem sie meine Vergangenheit während der zwei verflossenen Monate sehr genau durchleuchtet hatte, wollte sie auch etwas über meine Zukunft wissen, denn ein vernünftiger Mensch müsse planen. Ich hielt mich für sehr schlau, aber ich war dumm wie ein Tölpel. Ich kannte doch Tante Ella und hätte von Dingen, von denen ich wußte, daß sie ihre Kritik herausfordern würden, schweigen sollen. Aber es sprudelte aus mir heraus.

So erzählte ich ihr, daß in der kommenden Woche, der Butterwoche

„Masljaniza", dem Karneval, auf dem großen See vor Onkel Iwans
Schloß ein Kostümfest auf Schlittschuhen stattfinden werde. Ich hätte
mir das Kostüm eines Riesen anfertigen lassen, es werde auf meinen
Schultern aufgebaut. In der Höhe meiner Augen sei in dem Kleid
ein Schlitz freigelassen, so daß ich alles gut sehen könne.

Sie hörte mich in meiner Begeisterung schweigend an. Ich merkte,
daß ihr dieser Einfall ganz und gar nicht gefiel. Sie schaute mich prüfend an. „Wie groß ist denn der Riese?" Ich zeigte ihr die Größe.
„Du bist doch ziemlich schmächtig und das ist sicherlich ein schweres
Kostüm, und man ist doch nicht sehr sicher auf Schlittschuhen, außerdem wird doch viel Volk da sein. In drei Tagen beginnt die strenge
Fastenzeit, das Gedenken an die Passion unseres Heilands. Ist es
eigentlich recht, bis zum letzten Augenblick sich zu vergnügen, und
dann gleich mit Fasten zu beginnen? Das kommt mir recht heidnisch
vor. Hast du schon einmal auf ein Vergnügen verzichtet und etwas
unserem Herrn freudigen Herzens geopfert?"

Ich mußte schweigen, es war mir unheimlich zumute. Ich hatte
wirklich noch nie etwas für den Heiland, den ich zu lieben vorgab,
geopfert. Aber gerade jetzt, angesichts dieses großen Festes und des
teuren Kostüms, nein, das überstieg die Bereitschaft meines Herzens.
Ein andermal, wenn es nicht so weh tat und ich nicht so gut vorbereitet war, würde ich es bestimmt tun, aber nicht bei diesem Fest.
„Glaubst du wirklich, daß du ein sehr großes Vergnügen dabei haben
wirst? Hängt die Seligkeit deines Herzens davon ab? Dann geh,
dann freue dich aber auch, tu nichts Halbes."

Sie verabschiedete mich und war recht sanft, sie fuhr mit ihrer
schmalen kalten Hand über meine Wange. Ich ging hinaus in den
eisigen Winter, der Wind fegte über den breiten Platz und schnitt
wie mit Messern in mein Gesicht. Irgendwie war mir die Freude an
dem bevorstehenden Fest verdorben. Hätte Tante Ella es mir verboten, mich bedrängt und beschimpft, dann hätte ich dagegen protestiert
und hätte aus Eigensinn an dem Fest teilgenommen. Aber so saß der
Wurm in mir. „Gib es auf für unseren lieben Heiland", sprach es mit
der Stimme von Tante Ella in meinem Inneren. — „Aber es ist doch
alles vorbereitet, man kann nicht so kurzfristig absagen, und was
wäre das ganze Fest ohne die Gegenwart des unbekannten Riesen! Ich
will bestimmt ein anderes Mal, sehr bald, bei der ersten Gelegenheit,
verzichten. Nur nicht jetzt!"

Das Fest fand statt. Von dem Kutscher Aleksandr wurde ich zu
dem gefrorenen See gefahren. Das Kostüm drückte gräßlich auf

meine schwachen Schultern, bei jeder Bewegung wackelte es gefährlich, und der Schlitz, durch den ich etwas sehen konnte, verrutschte. Schließlich stieg ich aus und Aleksandr befestigte mir die Schlittschuhe. „Geh, amüsier dich gut, Bobinka, laß dich nicht umstoßen. Ich komme in zwei Stunden wieder."

Ich war allein und schlitterte ungeschickt mit dem Turm von Anzug über das Eis. Eine Horde von Jungen umdrängte mich, sie stachen mich mit spitzen Gegenständen und ich hatte Angst, sie würden mir in die Augen stechen. Ich hatte kein Vergnügen an dem Fest, nur Angst und den Wunsch, so schnell wie möglich hier zu verschwinden. Da rannte ein Junge gegen mich, ich verlor die Balance, das Oberteil des Riesen machte einen Knick und sein Kopf schleifte mir zu Füßen, dann fiel ich hin.

Ich lag da, die Menge johlte und schlitterte und niemand kümmerte sich um mich. Es war mir nicht möglich, mich zu erheben, das rechte Bein schmerzte. Schließlich kamen nach einer Weile Männer, beugten sich über mich, betasteten mich und meinten, das wäre bloß ein Haufen Lumpen, da wäre keiner drunter. Ich wimmerte. „Doch doch, ich bin darunter, helft mir doch, ich habe mir etwas gebrochen." — „Wer bist du denn?" — „Ich bin Bobik aus dem Weißen Haus!" — „Ah, der Neffe seiner Exzellenz! Wir bringen dich ins Schloß, das ist am nächsten." Sie packten mich ungeschickt an und trugen mich in das nahegelegene Schloß zu Onkel Iwan.

„Siehst du mein Freund, nun haben dir die Lümmel das Bein gebrochen, und das nennst du Vergnügen?" Er lachte. „Das war auch gar kein Vergnügen, furchtbar war das! Wäre ich bloß nicht hingegangen! Tante Ella hatte mich gewarnt."

„Merk es dir, mein Freund, manchmal spricht Gott durch den Mund eines Menschen, wir aber sind verblendet und schlagen die Worte in den Wind. Dafür müssen wir dann schwer bezahlen."

„Wie könnte man es aber machen, daß Tante Ella von dem Beinbruch nichts erfährt?" — „Oh, mein Bruder, das ist völlig undenkbar. Kennst du die Negertrommel — den Nachrichtendienst — nicht?"

SCHENK MIR EINEN FREUND

Reich und glücklich ist der Mensch, dem Gott einen Freund gewährt. Beglückend ist die Liebe und eine gute harmonische Ehe, wenn sie durch das ganze Leben hindurchgetragen wird. Aber die Freundschaft ist die freieste, unabhängigste, offenste Beziehung zu einem anderen Menschen. Wer einen Freund hat, der ist geborgen, der ist nicht allein. Auf russisch heißt der Freund „der andere", gemeint ist: das andere Ich, ein Du im Ich. Vor dem Freund hat man keine Geheimnisse und man weiß, daß er die Geheimnisse des anderen hüten wird.

Das Freundsein erfordert ein hohes Maß an Reife, Disziplin und Weisheit. Ein Egoist, ein Schwätzer, ein Intrigant, ein Launischer, ein Unsicherer, ein Geltungssüchtiger, ein Mißtrauischer, ein Neidischer kann kein Freund sein. Der Freund ist ein Fels, auf den man seine Burg bauen kann, mit ihm ist man behütet und behaust. Warum wird Johannes der Jünger immer als strahlend und glücklich dargestellt? Weil er Jesus zum Freund hatte. Und bei dem Auftrag an Petrus, seine Schafe zu hüten, fragt Christus ihn dreimal: „Liebst du mich?" und „Bist du mein Freund?"

In jedem Menschen lebt die Sehnsucht nach einem Freund, aber nicht jedem wird er zuteil. Und nicht jeder vermag in sich selbst die Eigenschaften des Freundes zu entwickeln.

Ich wuchs ohne Freunde, mit einer brennenden Sehnsucht nach einem Freund, auf. Viele russische Kinder haben eine sehr enge Beziehung zu ihrem Namensheiligen oder zu ihrem Schutzengel. Ich identifizierte meinen Schutzengel mit dem Erzengel Raphael, weil er ein so treuer Gefährte des jungen Tobias war und weil er es zuließ, daß das Hündchen sie beide auf der Reise begleitete. Ganz selbstverständlich nannte ich ihn Raphael und bat ihn, wenn er schon nicht selbst mein Lebensgefährte sein könne, was ich wohl verstand, so möge er doch einen Freund-Gefährten für mich aussuchen. Ich bedrängte ihn mit geduldiger Hartnäckigkeit mit diesem Anliegen. Der Wunsch lebte als etwas Lebendiges in mir.

Ich war zwölf Jahre alt. Wir feierten Karneval. Es ist wohl ein Erbteil meiner Familie, daß ich extravagante Ideen hatte. Diesmal hatte es mir das riesige Bärenfell angetan, das im blauen Kabinett vor dem Kamin lag. Ich saß oft auf dem ausgestopften, zähnefletschenden Kopf des Bären. Nun hatte ich die Idee, mich in das Bärenfell einnähen zu lassen, worauf meine Mutter und Njanja ohne Widerrede und sichtlich erfreut eingingen. Ich hätte aus den Erfahrungen des vorigen Jahres mit dem Riesenkostüm lernen können, aber Ranke sagt: „Die Geschichte lehrt uns, daß man aus der Geschichte nichts lernt." So ging es auch mir.

Bei der ausgelassenen Schlittenfahrt wurde ich in einer Kurve herausgeschleudert und blieb im eisigen Schneetreiben liegen. Ich konnte kaum etwas hören, weil mein Kopf, auf dem die Bärenschnauze ruhte, fest eingepackt war. Ich hatte fürchterliche Angst. Würde ich auf der Landstraße erfrieren, oder würden Leute mich für einen verwundeten Bären halten und erstechen? Ich betete zu Raphael: Er habe so viele Wunder vollbracht und nicht nur dem Knaben Tobias, sondern sicherlich auch vielen anderen Kindern geholfen. Er möchte doch bald kommen und mich erretten. Schließlich begann ich zu erfrieren oder zu ersticken, denn ich verfiel in einen Dämmerzustand.

Plötzlich hörte ich gedämpfte Geräusche, wurde von kräftigen Händen emporgehoben, etwas geschah mit mir. Ich hatte wieder Hoffnung, daß ich errettet würde. Nach einer Ewigkeit wurde ich wieder herausgehoben und ich fühlte Hände, die die Naht des verhängnisvollen Bärenfells auftrennten. Zuerst blickte ich in das gütige Gesicht einer fremden Njanja. Neben ihr stand ein Knabe meines Alters und meiner Statur und lächelte mich an. Ich war steif gefroren und benommen. Aber so viel wußte ich: das war sicherlich der Tobias oder gar der als Azarias verkleidete Erzengel Raphael. Und ein Dankbarkeits- und Glücksgefühl zog in mein Herz ein. Nach den vielen Fragen der Erwachsenen nach dem Woher und Wieso, nach Einflößung von heißem Punsch und Abreibungen mit Franzbranntwein war ich mit meinem unbekannten Altersgenossen allein. Ich nannte meinen Namen: „Wladimir heiße ich, man nennt mich Bobik, ich bin aus dem Weißen Haus in Girejewo." — „Und ich heiße Aleksei, man nennt mich Aljoscha, wir sind hier in Galizino, das ist ganz schön weit von euch entfernt." — „Aha", dachte ich bedeutungsvoll, „Aleksei heißt der Helfer, also hat er mir geholfen, vielleicht ist es auch der Freund, um den ich ihn gebeten habe. Dann wäre die Reise und die Eskapade im Bärenfell nicht umsonst gewesen."

Nachts, als alles ruhig war und ich auf dem Sofa in Aljoschas Zimmer lag, sprachen wir von dem und jenem, von unseren Eltern, unserem Leben, unseren Anschauungen. Ich setzte mich an Aljoschas Bett, ergriff seine Hand und fragte ihn scheu: „Hast du schon einen Freund?" Er schüttelte traurig den Kopf. „Woher denn, ich bin doch hier ganz allein." — „Suchst du einen Freund?" Aljoscha drückte wortlos meine kleine Hand. „Soetwas ist sicherlich sehr schwer, das kann man nicht suchen, das bekommt man als eine ganz große Gnade geschenkt. Ich weiß nicht, ob ich würdig bin." — „Ich habe immer um einen Freund gebetet, darf ich dein Freund werden?" — „Mein Freund!", sagte Aljoscha mit einem besonderen, verinnerlichten Klang in der Stimme.

Diese unzertrennliche und beglückende Freundschaft währte die kurze Spanne Zeit, die uns in unserer Heimat vergönnt blieb.

EIN VOGELENGEL

Eine Werst hinter Onkel Iwans Schloß lief die unendliche Wladimirskaja Chaussee. Es war eine fünfzig Meter breite, in den Urwald
gehauene Schneise, ungepflastert, mit tiefen, von Pfützen bedeckten
Löchern. Eine historische, eine tragische Straße Rußlands. Seit der
Einverleibung Sibiriens durch Rußland zur Zeit Johann des Grausa-
men schleppten sich politische und kriminelle Verbrecher mit zwan-
zigpfundschweren Kugeln an den Füßen über diese Straße nach Sibirien in die berüchtigten Zuchthausbergwerke. In den unermeßlichen,
hunderte von Kilometern weiten Wäldern hausten Wölfe, Bären,
Luchse und Räuber oder auch entlaufene Zuchthäusler, die in unter-
irdischen Hütten im Wald ihren Unterschlupf fanden und gelegentlich Wanderer oder Pferdefuhrwerke beraubten und die Leute töteten.
Alle paar Wochen gingen Nachrichten über solche Morde durch die
Zeitungen.

Es war uns Kindern streng verboten, in die Nähe der Wladimirskaja Chaussee ohne Begleitung von Erwachsenen zu gehen. Aber was
schmeckt süßer als die Übertretung von Verboten? Natürlich wuchsen
gerade dort die schönsten und größten Stein- und Birkenpilze, die
herrlichsten Walderdbeeren, Himbeeren und Brombeeren. Und blühte
nicht dort vielleicht auch die geheimnisvolle, lebenspendende blaue
Blume?

Wenn wir im alten Schloß von Onkel Iwan Tarlezki zum Tee waren, zog es meine Schwester und mich unwiderstehlich zur Wladimirskaja. Unter dem Vorwand, Pilze oder Beeren im Park suchen zu
gehen, bewaffneten wir uns mit einem Bastkörbchen und rannten,
sobald wir aus der Sicht der Erwachsenen waren, durch den Park
zur sagenumwobenen Chaussee. Im Wald, der von Unterholz und
Schlingpflanzen überwuchert war, denn nie sah er die ordnende Hand
eines Försters, war es unheimlich dunkel. Der von Tannennadeln und
Blättern bedeckte Boden war weicher als der schönste Teppich. Man
hörte keine Schritte und man erschrak, wenn man auf einen morschen
Ast trat, der mit einem trockenen Laut zersplitterte.

Wera meinte, sie würde so gerne den kleinen Gnomen begegnen,
die sicherlich hier im Walde wohnten; aber wenn sie unvermutet dem
Leschij, dem Waldgeist, einer russischen Variante des Pan, begegnen

sollte, würde sie bestimmt vor Entsetzen ohnmächtig werden. „Wenn du ohnmächtig wirst, dann lasse ich dich hier einfach liegen, denk bloß nicht, daß ich dich bis nach Staroje Girejewo schleppen werde. Also nimm dich bitte zusammen und halte nicht jeden verfaulten Baumstumpf für den Waldgeist!" Aber mir war bei den strengen Worten nicht ganz wohl zumute.

Wir blieben ziemlich dicht beieinander und pflückten die duftenden Erdbeeren, deren es eine Menge gab. Wir waren in unser Tun so vertieft, daß wir nicht merkten, daß wir immer tiefer und tiefer in den Wald eindrangen. Obwohl wir Landkinder waren, verstanden wir viel zu wenig von dem Stand der Sonne, um uns daran zu orientieren. Schließlich fragte ich: „Weißt du eigentlich, wo jetzt die Chaussee ist, wir werden zurück zum Schloß müssen." Wera schaute erschrocken aus. „Weißt du es denn nicht?" — „Nicht genau, ich habe vergessen aufzupassen; wenn wir falsch gehen, gelangen wir immer tiefer in den Wald." Ich wollte mir nicht eingestehen, daß ich Angst hatte, aber ich hatte tatsächlich Angst. „Bleib hier, ich gehe fünfzig Schritte in verschiedene Richtungen und suche die Chaussee, ich rufe dann ab und zu, damit du weißt, wo ich bin." Wera blieb widerwillig stehen.

Ich versuchte hellere Stellen im Walde zu erspähen, aber es war überall gleichmäßig gedämpftes Licht. Da hörte ich in meiner Nähe seltsame gurrende Laute. War es ein Wolf oder ein schnarchender Räuber, oder gar der schreckliche Leschij? Ich blieb versteinert stehen. Die Laute wiederholten sich, ich wagte kaum, mich umzuschauen. Die Laute kamen von einer bestimmten Stelle, schließlich ging ich ihnen nach. Ich fand am Boden eine Wildtaube, deren Gefieder arg zerzaust war, offenbar hatte ein Sperber sie gegriffen. Ich nahm das arme Tier behutsam in beide Hände und hauchte es an. Das war dem Vogel unangenehm, denn er zog den Kopf ein. Nun rief ich Wera, sie möge schnell kommen. Sie kam und war außer Atem.

„Was ist los, hast du den Weg gefunden?" Den Weg hatte ich über dem Vogel ganz vergessen. „Nein, aber schau her, eine verwundete Wildtaube. Wenn wir sie hier liegen lassen, holt sie der Fuchs. Wir müssen sie retten und nach Hause bringen." Wera streichelte das Tier. „O, die Arme, sie darf nicht verkommen, wir wollen sie pflegen!" Aber der Vogel entschlüpfte meinen Händen und hüpfte weg. Wir stürzten ihm nach. „Er weiß nicht, daß wir ihm wohl wollen, der Dumme!" Er versteckte sich in der moosbewachsenen Spalte eines Baumstumpfes. Ich holte ihn wieder heraus und hielt ihn fest. Nach einer Weile entwand sich der Vogel wieder meinen Händen. Wieder liefen wir ihm nach, er versteckte sich wieder; als wir ihn entdeckten, hüpfte er weiter. Wie lange diese Jagd dauerte, war uns im Eifer nicht bewußt. Aber plötzlich stieg die Taube eine kleine Böschung hinauf und wir befanden uns auf der Wladimirskaja Chaussee. Vor lauter Freude über die Errettung bekreuzigten wir uns und dankten unseren Schutzengeln, daß sie uns errettet hatten, errettet durch den verwundeten Vogel. Wir fingen die Taube ein, Wera setzte sie in den Bastkorb, unbekümmert darum, daß die köstlichen Erdbeeren zerdrückt wurden. Sie deckte ihn mit ihrem Kopftuch zu.

Wir hatten es sehr eilig, nach Hause ins Weiße Haus zu kommen, denn Njanja, die heilkundig war, sollte die Taube begutachten und heilen. „Njanjuschka, du sollst unsere Taube heilen, der Sperber hat sie zerzaust, sie ist sicher noch zu retten. Schau sie dir an, wir werden sie füttern und gesundpflegen!" Njanja war böse und brummig. „Nichts werden wir tun, ich gebe sie Aleksandr und er wird sie umbringen. Was soll sich das arme Tier quälen. Fliegen kann es doch nicht mit dem ausgerenkten Flügel, und es ist ein Vogel des Waldes. Hier frißt ihn doch nur der Kater Mur, wenn er ihn erblickt!" Wir waren untröstlich. Was sollten wir tun? „Njanjuschka, das ist kein gewöhnlicher Vogel! Der liebe Gott hat ihn uns zur Errettung gesandt, wir dürfen ihn nicht töten, das wäre furchtbare Sünde und Undankbarkeit. Das darf nicht sein!" Wir waren dem Weinen nahe. „Was redet ihr da für Unsinn von Errettung! Ihr habt den Vogel gefunden und mitgebracht, und jetzt erfindet ihr noch eine Geschichte und nehmt Gott zum Zeugen, das dürft ihr nicht, das ist wirklich Sünde!" Was sollten wir tun? Ihr bekennen, daß wir an der Wladimirskaja waren?

„Njanjuschka, auf Ehrenwort, sie hat uns aus dem dichten Wald, in dem wir uns verirrt hatten, gerettet; wäre sie nicht gewesen, wer weiß, wo wir jetzt wären, glaub uns doch, Njanjuschka!" Njanja wurde nachdenklich. „An der Wladimirskaja seid ihr gewesen? Das ist euch doch streng verboten! Solchen Kummer bereitet ihr mir und den Eltern. Na wartet, laßt mich erst das arme Tier versorgen, dann erzähle ich es den Eltern! Das wird was geben!" Sie beugte sich umsichtig zur Taube herab und betastete ihr Gefieder. Das Tier blieb ganz ruhig. „Du liebes Gottestierchen, dich hat der böse Sperber übel zugerichtet! Na warte, wir werden dich hegen und pflegen und du wirst gesund werden, dann fliegst du wieder zu den deinen. Und danke dir, daß du die beiden Bösen da errettet hast, verdient hätten sie es sicherlich nicht. Nur Kummer hat man mit ihnen!" Sie beschäftigte sich mit dem Vogel. „Weißt du, Njanjuschka", wollte Wera sich bei ihr einschmeicheln, „vielleicht war es doch ein Engel, der uns zu dem Ungehorsam veranlaßte und uns in den Wald lockte, damit wir den Vogel fänden. Ohne uns wäre er doch verkommen!" Njanja wurde nachdenklich. Sie bekreuzigte sich und seufzte. „Unerforschlich sind Gottes Wege, auch aus dem Ungehorsam kann vielleicht etwas Gutes kommen, wer weiß. Die gute Taube hat euch errettet, und ihr hab sie errettet, und sicherlich war es Gottes Wille. Gut, dann werde ich den Eltern diesmal nichts sagen. Aber ihr müßt mir versprechen, nie wieder dorthin zu gehen!" — „Wir versprechen es, Njanjuschka!", riefen wir erleichtert und umarmten sie stürmisch. Wera schaute mich bedeutungsvoll an.

Später fand ich das Wort des Meister Ekkehart, und jene kleine Begebenheit mit der Wildtaube stand lebhaft vor meinen Augen.

„Wäre ich allein in der Wüste, wo mir gruselte, und hätte ich bei mir ein Kind, so verginge mir das Gruseln, und ich würde mich ermannen. So viel Adel und Lust liegt am Leben. Und könnte ich nicht ein Kind haben: hätte ich ein Tier, ich würde schon getrost sein."

Nachtrag

Hermann Hesse schreibt im „Demian": „Als Sinclair, unter dem Einfluß seines Freundes Demian, begann, auf die Zeichen zu achten, begegnete er ihnen auf Schritt und Tritt. Wenn er in der Schule oder beim Niederschreiben von Aufgaben ein Wort nicht deuten konnte, sicher fiel dieses Wort während des Unterrichts und wurde erklärt. Auf mannigfache Weise wurde ihm Antwort auf Fragen zuteil."

Als ich gestern diese Geschichte aufzeichnete, wollte ich den Raubvogel, der die Wildtaube gejagt hatte, benennen, er heißt auf russisch „jastreb". Ich fand aber das deutsche Wort dafür nicht, ich fand auch das russisch-deutsche Lexikon nicht, das ich verlegt hatte. Da wählte ich das Wort Sperber, weil ein Sperber auch ein Raubvogel ist. Ich nahm mir aber vor, das richtige Wort herauszufinden.

Heute nun kam ein Brief einer Leserin in der DDR. Auf der Briefmarke war ein fliegender Raubvogel abgebildet. Ich schaute ihn mir an. Darunter stand „Habicht"! Da hatte ich das Wort, das mir fehlte und mich quälte wie alle unerledigten Dinge.

Ich machte eine tiefe Verbeugung gegen die Briefmarke, gegen die unbekannte Schreiberin, gegen jene Macht, die die Zeichen im rechten Zeitpunkt austeilt.

WIEDERKEHR DES DÄMONS

Nach der Flucht Saschas aus der Ehe gelang es meiner Großmutter, diese gescheiterte Verbindung annullieren zu lassen. Jadwiga war durch die Ereignisse dermaßen erschüttert, daß sie alles geschehen ließ. Nach einer Weile wurde von der Großmutter und ihren polnischen und schwedischen Verwandten eine neue Verbindung angebahnt. Jadwiga wurde mit einem deutschen Industriellen verheiratet. Die beiden Partner waren sich von Anfang an so fremd und so wenig gewillt, auf den anderen einzugehen, daß sie nicht glücklich wurden. Jadwiga konnte Sascha nicht vergessen. Er war wie vom Erdboden verschwunden, nicht einmal sein Name begegnete ihr auf den vielen gesellschaftlichen Veranstaltungen. Natürlich wagte sie nicht, sich nach ihm zu erkundigen. Sie suchte ihn aus ihrem Gedächtnis zu tilgen.

Karluscha war ein sanguinischer, dranghafter Mensch, der von seinem Erfolg als Industrieller berauscht war. Seine Welt war die Welt der Arbeit, der Leistung, des Strebens nach Geltung und Macht. All das wurde ihm in vollem Maße zuteil. Die stille, nach innen gekehrte Lebensweise Jadwigas reizte und irritierte ihn. Es herrschte kein Friede im Weißen Haus. Jadwiga wagte es nicht, sich jemandem anzuvertrauen.

Die lebenslustige und alberne Schwiegertochter von Onkel Iwan, Marussja Tarlezkaja, der ihre Gedanken immer auf ihre Zunge sprangen, stellte einmal Jadwiga: „Ich sehe es mir nun schon jahrelang an. Du bist unglücklich und Karluscha ist es auch. Ihr habt euch nie geliebt. Wem spielt ihr die Komödie einer Ehe vor? Du verstehst ihn nicht, er kann und will dich nicht verstehen. Warum seid ihr nicht ehrlich und laßt euch scheiden? Das wäre doch viel konsequenter!"

„Das geht nicht, denk doch an den Skandal! Und die Kinder! Und unser guter Ruf!"

„Bah, lauter Unsinn, der Skandal dauert nur so lange, bis sich ein neuer Klatsch bietet. Und die Kinder, glaubst du, daß sie nichts merken, glaubst du, daß sie in dieser Atmosphäre von Spannung und Zank und Geschrei gedeihen können? Für die Kinder wäre eine Scheidung nur heilsam. Und das Renommee, welch leeres Wort! Was hast du davon, all diese aufgeblasenen Leute mit Orden und Sternen auf ihren gesteiften Brüsten! Sag nur, daß dir das Renomee Freude bereitet! Du hast einfach keinen Mut, diese Veränderung zu wagen. Das ist doch alles Lüge!"

Diese ehrlichen Worte fielen Jadwiga tief in die Seele. Sie hatte fürchterliche Angst vor ihrem Mann, vor seinen Wutausbrüchen. Aber schließlich wagte sie es, ihm ihren Entschluß mitzuteilen. Seine Reaktion verblüffte sie. Anstatt sich zu erregen, wurde er sanft und freundlich. Er entschuldigte sich für sein Verhalten, natürlich mit den üblichen Argumenten: er sei so und könne sich nicht mehr ändern. Schließlich nahm er das Scheidungsangebot doch an. Sie beschlossen, diesen Schritt in aller Stille und ohne gegenseitige Aggressionen zu vollziehen. Nie war in der vergangenen Zeit Karluscha so freundlich, gesittet und ritterlich gewesen. Er brachte Jadwiga kleine Geschenke, Blumen und sonstige Aufmerksamkeiten.

Eines Tages, kurz ehe die Scheidung vollzogen werden sollte, schleppte der Kutscher Aleksandr einen großen Gegenstand ins Haus. Unter Karluschas Aufsicht wurde er sorgfältig ausgepackt. Jadwiga sah der Prozedur zu. Als das Bild enthüllt wurde, faßte sie sich ans Herz, wurde blaß und mußte sich stützen. Wera und ich liefen herbei und hielten sie fest. Njanja brachte Wasser. Karluscha war bestürzt. „Was ist dir? Sieh dir doch das schöne Bild an, ich fand es bei einem Antiquar, es gefiel mir so gut, die Frau auf der Gravur ähnelt dir, ich dachte, es würde dir Freude bereiten!" Jadwiga lächelte. Ich erkannte das Bild des Dämons, das in Essentuki hing. „Das ist doch der Dämon aus dem Haus in Essentuki!", rief ich. Ich kannte damals die Zusammenhänge nicht.

Njanja, die sich Jadwigas annahm, besah sich eingehend das Bild. Dann bekreuzigte sie sich. Später, als sie allein waren, flüsterte sie ihr zu: „Hast du gesehen, Herrin, der Satan, oder was er ist, das ist ja unser Saschenka! Gott verzeih mir die Sünde, aber er ist es, wie er leibt und lebt, oder vielmehr, wie er damals aussah. Jetzt wird er, wenn er noch lebt, ein erwachsener Mann geworden sein. Ihr wart ja die reinsten unmündigen Kinder. Gott verzeih mir, daß ich es zugelassen habe, daß er aus dem Haus lief, aber wir hatten alle den Kopf verloren. Das Bild ist nicht von ungefähr. Das ist ein Zeichen, ein Zeichen, daß er, Saschenka, unterwegs ist. Bewahre es in deinem Herzen und bereite dich würdig darauf vor, mein Täubchen!" Sie streichelte zärtlich ihre Wange.

Seither geschah es öfter, daß Jadwiga vermeinte, die Gestalt Saschas im Straßengewühl zu erblicken. Als sie dann näher hinsah, war er es doch nicht, aber ihr Herz klopfte.

ELIAS

Nach Jahren des Aufenthalts in der Eremitage unter der Leitung Nikolai Buturlins, nach harten Übungen der Askese und dem Studium der verborgensten Mysterien, dem Eindringen in die Geheimnisse der Religionen und der Erkenntnis ihrer nahen gegenseitigen Wechselbeziehungen, nach Jahren einer stetigen Verinnerlichung und Reifung, begab sich Sascha zurück in die Welt, ein Verwandelter, ein Verwandelnder. Wo blieb der eigensinnige, stolze, unbeugsame, in alten Ehrbegriffen und Etiketten befangene Sproß einer Rurikfamilie?

Mit offenem Herzen, mit offenen Augen ging Sascha in die Welt hinaus, auf der Suche nach Zeichen, nach Begegnungen, nach Erfahrung und Belehrung. Sein erster Weg führte ihn auf sein Stammgut Krasnoje Sselo, wo sein Vater residierte. Es verband keine Liebe und kein inneres Verstehen die beiden Männer. Sascha hatte vor seinem strengen, unzugänglichen und wortkargen Vater immer Angst gehabt. Diesmal begegnete er ihm offen, lächelnd und ohne alle Scheu. Vater und Sohn umarmten und küßten einander, was noch nie geschehen war. Sascha erzählte ihm von seinen Erlebnissen in der Eremitage, von der Herzenserfahrung seiner Ahnen. Der General lächelte: „Ich war nie dort, ich hatte eine unwiderstehliche Scheu vor diesem Ort, es zog mich auch nicht dorthin, es rief mich wohl auch niemand. Aber ich freue mich, daß mein Sohn dieser Begegnung würdig befunden wurde."

Sie sprachen von Iwan Petrowitsch und dessen Sohn Aleksandr, von Saschas Urgroßvater Aleksei Chomjakow, dem Religionsphilosophen. Was Sascha nie für möglich gehalten hätte, sein Vater besaß tiefes Verständnis für die Dinge, die in der Eremitage deutlich spürbar waren. Er führte Sascha zu einer Stelle in der großen dunklen Bibliothek. Dort holte er handgeschriebene Hefte, Briefe und Notizen seines Urgroßvaters Iwan Petrowitsch heraus. Er lächelte: „Siehst du, auch wir, Laien, Uneingeweihte haben noch eine ganze Menge seiner Schriften und seines Nachlasses hier, und das ist gut so. Als Iwan Petrowitsch 1779 in der Eremitage verstarb — er wurde dort auch beigesetzt, nicht hier in der Familiengruft —, da wollte sein Sohn, Aleksandr Iwanowitsch, der die Hälfte seines Lebens in der Eremitage zugebracht hatte, den gesamten schriftlichen Nachlaß von ihm dorthin bringen lassen.

Aber seine Mutter, Elisaveta Wladykina, eine bemerkenswerte Frau, ließ es nicht zu. Mit der ganzen Strenge und Macht ihrer imposanten Persönlichkeit stellte sie sich vor ihren Sohn: »Weißt du, Väterchen, in der Eremitage liegt Iwan Petrowitsch selbst, dort ist sein Geist, dort ist alles er, er hat es ja geschaffen. Hier aber ist der Ort seiner Väter und Urväter, und außer dir, der du ein Weiser, nicht von dieser Welt sozusagen, bist, gibt es und wird es noch eine ganze Menge Tschelistscheff Söhne und Töchter und Schwiegersöhne und -töchter geben. Weshalb sollten diese von dem geistigen Erbe ihres Urahnen nichts bekommen und nichts erfahren? Die Dinge, die hier sind, die bleiben hier!« Siehst du, so hat sie gesprochen und so hat sie es bestimmt. Und ich, Knecht Gottes, ein dummer und ungebildeter Mensch, ich habe in der langen Zeit, die ich auf Krasnoje sitze, nun auch Zeit gehabt, meinen Ahnen kennen und lieben zu lernen.“

Sascha staunte. Er hatte von seinem Vater nichts gewußt, er hielt ihn für einen Sonderling, der mit dem Leben nicht zurechtgekommen war, der als junger General seinen Abschied genommen und sich auf seinem Gut vergraben hatte, ohne einen Menschen zu sehen. Er hatte nicht geahnt, daß dieser früh ergraute, hagere Mann in der Stille seiner Einsamkeit ein Weiser geworden war. Er fühlte tiefe Sympathie zu ihm. „Ich ahnte nicht, Vater, daß du dich mit Philosophie und Esoterik beschäftigt hast. Solange ich dich kenne, kenne ich dich schweigend.“

Der General lächelte, zum erstenmal sah Sascha ihn lächeln. „Wenn du in der Esoterik bewandert bist, was ich annehme, dann weißt du, mein Sohn, daß Schweigen das oberste Gebot ist; dann weißt du auch von der Sphinx, die aus vier Wesen zusammengefügt ist, aus Löwe, Stier, Adler und Mensch; du findest die gleichen Embleme bei den vier Evangelisten. Die Pranken des Löwen bedeuten Wagnis, die Leiblichkeit des Stiers unabgelenkte Willensanstrengung, das Antlitz des Menschen Wissen und Weisheit, und die zusammengefalteten Schwingen des Adlers Schweigen. Und man fügt hinzu, das letztere sei das schwierigste von allem.“ Sascha verbeugte sich in Ehrfurcht vor seinem Vater.

Ehe er sich ins Ausland begab, suchte er im Kloster Optina Pustyn, das in unserem Gouvernement liegt, den Starez Anatolii auf, um seinen Segen zu empfangen. Zuletzt war er als fünfzehnjähriger Junge dort gewesen und war vom Starez Amwrossii gesegnet worden.

Starez Anatolii war ein ältlicher Mann. Er begrüßte Sascha freundlich, küßte ihn und gab ihm den Segen. Sascha erinnerte sich, wie schwer es ihm damals gefallen war, vor dem Starez niederzuknien, er hatte das unter seiner Würde gefunden. Seine Mutter hatte ihm einen Stoß in den Rücken gegeben. Willig und demütig kniete er jetzt vor dem Starez, der ihn hochhob und aufforderte, sich neben ihn zu setzen.

„Lang ist's her, mein Sohn, daß ich dich nicht mehr sah, du bist erwachsen und reif geworden, und weise und gut. Gott war dir gnädig. Geh mit Gott und wisse, wo du auch seist, du bist niemals ohne ihn. Auch in schweren Zeiten, auch in Krankheit, Niedergeschlagenheit und Unglück, auch wenn du Böses tust, auch dann ist er noch bei dir. Vielleicht zupft er dich am Rockzipfel, nur willst du es nicht merken."

Sascha hatte eine Frage, die ihm auf dem Herzen brannte. „Vater, als ich jung war, fand ich einen Menschen, eine Frau, von der ich glaubte, daß es die andere Hälfte von mir sei, wie Plato sagt. Sie wurde meine Frau, aber wir zerstörten unser Glück. Ich lief weg. Nun suche ich sie, es drängt mich, diese willentlich abgetrennte Hälfte wiederzufinden. Ich habe Geduld, aber werde ich sie wiederfinden?"

Er wußte, daß der Starez Anatolii die Gabe der Hellsicht besaß. Er hatte ein phänomenales Gedächtnis, er vergaß nichts, wenn er es auch nicht immer präsent hatte. Wie alle konzentrierten Menschen hatte er in sich die Eigenschaft entwickelt, uralte Dinge aus dem Boden seines Gedächtnisses hervorzuholen und Dinge, die zusammen gehörten, zu verknüpfen. Wenn man von Menschen sprach, denen er irgendwann begegnet oder von denen er gehört hatte, dann stieg das Bild des Menschen oder des Ereignisses vor seinen geistigen Augen auf.

Nicht lange vorher waren meine Mutter, Njanja, Wera und ich im Kloster gewesen, um den Segen des Starez zu empfangen. Meine Mutter hatte lange allein mit ihm gesprochen. Er schaute Sascha mit seinen gütigen und strahlenden Augen an und lächelte. „Sei getrost, du wirst deine andere Hälfte wiederfinden. Suche sie mit dem Herzen." Das Herz voll Freude und unbestimmter Erwartung verließ Sascha den Starez.

In Berlin widmete er sich dem Studium der Musikgeschichte und wurde Schüler von Humperdinck, dem er mit großer Ehrfurcht anhing. In jener Zeit fiel ihm das Buch „Kim" von Rudyard Kipling in die Hand. Er las es mit Begeisterung, viele der Erlebnisse des kleinen Kim waren ihm aus der Erfahrung der eigenen Jugend und aus der Schulung in der Eremitage vertraut. Er beschloß, nach Indien zu gehen und die Methoden der Yogameditation kennen zu lernen. Er begegnete großen und kleinen Yogis. Sein Blick war durch die lange Übung für das Wesentliche geschärft, und manchmal waren die Minuten des gemeinsamen Schweigens mit einem weisen Meister die wesentlichsten der Begegnung.

Er weilte einige Tage in Bombay, wo er auf sein Schiff wartete. Er schlenderte durch die Bazare, besah sich den ausgestellten Schmuck, die kupfernen und messingenen Schalen und Kannen, die Teppiche und Gewebe. Er kaufte nichts. Wozu? An einem Geschäft, in dem Schmucksachen ausgestellt waren, blieb er unwillkürlich stehen. Irgendetwas fesselte seine Aufmerksamkeit, er wußte aber nicht, was. Da erblickte er im Halbdunkel des Raums einen alten Mann.

An wen erinnerte ihn doch der Mann? Jetzt wußte er es. Vor vielen Jahren hatte ihn seine Urgroßmutter, die nach dem Tode ihres Mannes in Nizza im Palazzo Cataldi wohnte, dort mit einer uralten Ikone des Propheten Elias gesegnet. Sie war eine extravagante alte Dame, und so befremdete es Sascha kaum, daß er nicht mit der Mutter Gottes oder Christus oder seinem Namensheiligen, sondern mit einem alttestamentlichen Propheten gesegnet wurde. Als er nach der Bewandtnis dieser Ikone fragte, erklärte ihm die Großmutter, diese Ikone stamme aus ihrer, der Chomjakow'schen Familie. Elias sei der große Prophet Israels und Verkünder des Messias. Wie Jesus Christus durch die Welt unablässig wandere und bei den Menschen, bei den Guten wie den Bösen — mehr wohl noch bei den Bösen, fügte sie sinnend hinzu —, einkehre, so wandere Elias bei den Juden unerkannt als Bote und als Prüfer der Seelen von Haus zu Haus. Diese Geschichte hatte Sascha in seiner Seele bewahrt.

Und nun, dreizehn Jahre danach, begegnete er einem Mann, der jener Ikone glich. Der Mann wurde auf Sascha aufmerksam, er betrachtete ihn prüfend, wohl ob er ein lohnender Käufer sei. Dann erhob er sich, faltete die Hände zum Zeichen des Pronam und verbeugte sich vor ihm. Er bot ihm in schlechtem Englisch seine Schmuckstücke an, er zeigte ihm die Teppiche. Sascha sah sich alles zuvorkommend, aber ohne Teilnahme an. Ihn faszinierte die Ähnlichkeit des Mannes mit dem Ikonenbildnis. „Ob es vielleicht Elias ist? Ich möchte solche Begegnung nicht verpassen."

Um länger verweilen zu können, suchte Sascha irgendeinen belanglosen Gegenstand zu kaufen, aber er zögerte, denn nichts gefiel ihm.

Da war es, als ob der Mann einen Einfall hätte. „Warte", sagte er, „ich haben etwas für dich!" Er kramte im Hintergrund des Ladens und kam mit einigen kleinen Gegenständen, die sorgfältig in Seidenpapier eingewickelt waren. Er begann die Dinge langsam und behutsam auszupacken. Dann legte er drei Anhängermedaillen aus Gold, die alle verschieden graviert waren, auf die Theke. Sascha erkannte, daß es kabbalistische Talismane waren. Der alte Mann schaute ihn bedeutungsvoll an und sagte, auf die Medaillen hinweisend: „Für dich, für deine Frau, für deinen Sohn." Sascha machte eine abwehrende Bewegung mit der Hand. „Ich allein, ich nicht haben Frau und Sohn!" Der Mann lächelte mitleidig. „Du haben, du haben!" — „Aber nein doch!", beteuerte Sascha.

„Ich wissen besser. Engel kommen, sagen: junger Mann kommen, ihm geben drei Talismane, für ihn, für Frau, für Sohn. Engel immer wissen besser!" Sascha erschauerte, was sollte er mit solcher Botschaft machen? Immerhin entschloß er sich, die Talismane zu kaufen. Er fragte nach dem Preis. Würdig lehnte der Mann es ab, den Preis zu nennen oder darüber zu handeln. „Das Geschenk, du geben, was wollen, das kein üblicher Handel." Sascha legte ihm einen größeren Geldschein hin, machte das Zeichen des Pronam und entfernte sich. Er tat die drei Talismane in seine Tasche und hielt sie in seiner Hand fest. Er fürchtete, alles sei ein Traum oder ein hypnotischer Zustand, wie er solche gelegentlich in Indien erlebt hatte. Aber die Talismane waren da, sie waren auch am nächsten Tag noch da, und er behielt sie bei sich auf der Überfahrt, bis er in Moskau ankam und noch darüber hinaus.

Je weiter er weg war und je mehr er über diese Begegnung nachdachte, um so fester wurde seine Überzeugung, daß der ehrwürdige Mann, der dem Propheten Elias so ähnlich war, eine wirkliche Botschaft zu übermitteln hatte. Dunkel zwar war ihr Sinn, aber er vertraute, daß sich die Nebel der Unwissenheit lösen und erhellen würden.

ALLES VERLORENE FINDET SICH WIEDER

Inzwischen war der erste Weltkrieg ausgebrochen. Sascha machte sich in Moskau seßhaft und unterrichtete am Konservatorium. Außerdem mußte er die Uniform anziehen und machte Dienst als Adjutant beim kommandierenden General. Eines Tages betrat General Tarletzki, Onkel Iwan, die Diensträume. Sascha sprang ihm erfreut entgegen, sie umarmten und küßten sich herzlich. „Ich wußte gar nicht, Bruder, daß du hier in Moskau bist, ganz in der Nähe von Staroje Girejewo, und, du Schuft, meldest dich nicht und kommst nicht einmal heraus zu deinem alten Onkel! Bist du noch immer der alte Einsiedlerkrebs?" Sascha wich aus. „Ich bin noch nicht lange hier und hatte viel damit zu tun, mich vorzubereiten, Konzerte und Unterricht zu geben, glaub es mir, ich habe noch niemanden gesehen, nicht einmal Tante Olga Brenko Tschelistschewa." Onkel Iwan lachte und schlug ihm auf die Schulter. „Ich weiß es doch, du liebst es nicht, unter Menschen zu gehen, sie stören dich mit ihrem unnützen Geschwätz. Aber ich habe eine Idee! Komm zu uns und gib im Schloß ein Konzert. Ich verspreche dir, ich werde dich vor allen verliebten und liebebedürftigen Damen abschirmen, außer vor einer natürlich." — „Vor welcher einer?" fragte Sascha betroffen. „Ach nichts, Unsinn, ich alter Mann bin geschwätzig geworden. Komm auf Palmsonntag, wir werden alles würdig vorbereiten." Sascha nahm die Einladung an.

Später dachte er über das Gespräch mit Onkel Iwan nach und fand die Einladung etwas übereilt. Ob nicht etwas anderes dahintersteckte? Aber was sollte es sein? Er liebte Onkel Iwan von seiner Knabenzeit her. Alle liebten den gütigen, herzlichen Mann mit dem kindlichen Herzen, und Sascha freute sich, in die vertraute Atmosphäre des alten Schlosses zu kommen, in dessen Kellern und Speichern er sich als Junge herumgetrieben hatte.

Es war ein kalter Palmsonntag, Schneehaufen lagen noch in der Landschaft, das Gras wollte noch nicht grünen, an den Bäumen zeigten sich die ersten Spitzen der Knospen. Sascha wurde am Bahnhof vom Kutscher Timofei abgeholt. Man saß in Onkel Iwans Kabinett neben dem Salon. Man trank Tee. Sascha kannte die Anwesenden nicht, sie interessierten ihn auch nicht. Sie stellten ihm dumme Fragen über sein Programm, er gab ihnen kurze, abweisende Antworten. Onkel Iwans dritte Frau Lelja blickte ihn verliebt an, er vermied es, ihren Augen zu begegnen. Er lehnte sich an den großen, bunt bemalten Kachelofen. Onkel Iwan hatte in seiner Jugend das Märchen von Iwanuschka, dem Narren auf dem Buckelpferdchen, darauf gemalt. Es war ein lustiger Ofen.

Da ging die Tür auf und Jadwiga und ich traten in den Raum. Allen Anwesenden war es, als ob ein Blitz einschlüge. Sascha straffte sich, stutzte, dann lief er Jadwiga entgegen, umfaßte sie, küßte sie und ließ sie nicht mehr los. Ich ging zu ihm und ergriff seine Hand. Im Raum war es ganz still. Alle begriffen, daß etwas Einmaliges, Unwiederbringliches geschehen sei. In diesem Augenblick betrat Onkel Iwan den Saal. „Aha, ich sehe, ihr habt euch schon bekannt gemacht. Jadwiga hast du erkannt, und das ist dein Sohn Bobik!" Sascha wandte sich zu mir, hob mich zu sich empor und preßte mich an seine Brust. Eine noch nie gekannte Seligkeit befiel mich. Etwas, das lang und sehnsüchtig erwartet, geahnt und erhofft worden war, wurde Wirklichkeit. Onkel Iwan nahm uns bei der Hand und führte uns in einen kleinen Raum. „Hier seid ihr ungestört und könnt euch aussprechen und freuen, das braucht nicht vor den Augen der Neugierigen zu geschehen."

„Wenn ihr es wollt, ich bleibe jetzt und für alle Zeit unseres Lebens bei euch, und ich werde euch glücklich machen. Wir werden zusammen glücklich sein." In Augenblicken solchen Glücks vermag man nicht zu sprechen, oder man sagt banale Dinge oder lacht oder weint, oder ist nur verlegen. Wir waren verlegen und unsagbar glücklich und dankbar. Plötzlich griff Sascha in seine Tasche. „Ich habe etwas für euch." Umständlich packte er die drei Talismane aus dem Seidenpapier. Eins behielt er für sich, das andere überreichte er feierlich Jadwiga, das dritte mir. Wir nahmen die Gegenstände in Ehrfurcht an und küßten Sie.

„Wieso aber, du hattest doch gar nicht gewußt ...", sagte ich scheu. Sascha lächelte verlegen. „Ich muß es doch gewußt haben, sonst könnte ich es dir nicht mitbringen. Ein Engel überbrachte sie mir." Wir nahmen es hin, wie er es sagte. Hatte nicht ein Engel ihn diesen Weg ins alte Schloß gewiesen und die so lang ersehnte Begegnung herbeigeführt?

Es klingelte, Sascha mußte auftreten. Das Konzert war ein großer Erfolg, das Publikum hörte nicht auf zu applaudieren. Schweigend gingen wir in der kühlen Nacht den langen Weg vom alten Schloß zum Weißen Haus. Wir hielten uns an den Händen. Diesmal ging Sascha in der Mitte. Wir hielten ihn sehr fest, als ob wir Angst hätten, ihn wieder zu verlieren.

Dann lachte Sascha und sagte: „Wir wollen, wie es sich gehört, Jadwiga in die Mitte nehmen!"

Es war uns, als ob wir ganz allein auf dieser wunderbaren, leidvollen und herrlichen Erde wären und als ob der Himmel seinen bestirnten Mantel nur über uns allein ausgebreitet hätte. Und wir wünschten, es möchte immer so bleiben.

ERRETTUNG AUS DEM GEFÄNGNIS

Das Glück unserer Gemeinsamkeit wurde durch den Krieg, die Revolution, die beginnende Hungersnot überschattet. Wir waren gezwungen, das Weiße Haus in Girejewo aufzugeben, weil wir es nicht mehr halten konnten, und zogen im Herbst 1917 nach Moskau, wo die Großmutter uns in ihrem Palais auf dem Arbat aufnahm. Dort wurden wir von der Bolschewikenrevolution überrascht. Junge Leute und einige Soldaten und Offiziere verteidigten unsere Straße auf den Barrikaden, sie mußten aber der Übermacht der Bolschewiki weichen. Am 7. November ergab sich Moskau. Am 12. November wurde ich mit allen jungen Männern, die in der Straße wohnten, verhaftet und in ein provisorisches Gefängnis gebracht. Ununterbrochen hörten wir die Gewehrsalven und wußten, daß die Gegenrevolutionäre erschossen wurden. Wir wurden eingehend verhört; ein Mitkämpfer, Nikolai, verriet uns im Glauben, er würde sein Leben dadurch retten. Ich lag mit vielen anderen Jünglingen und Männern in einem dumpfen, kalten und stinkenden Kellerloch. Ab und zu wurden Namen gerufen. Die Leute erhoben sich stumm und mühsam. Sie kamen nicht wieder. Keiner sprach mit dem andern.

Ich dachte an den bevorstehenden Tod. Das war kein Heldentod angesichts des Feindes. Es war ein anonymes, massiertes Hinschlachten. Meinen eigenen Tod würde ich überhaupt nicht wahrnehmen; aber ich hörte die Schüsse — unablässige Schüsse und wußte, daß jeder Schuß das Auslöschen eines Lebens, einer Person, eines Schicksals, einer Lebensgeschichte bedeutete. Ich konnte mir die Erschossenen nicht vorstellen.

Ich versuchte zu beten, aber die Lippen formten sich mir nicht zum Gebet. Ich dachte an die großartigen drei Jünglinge im feurigen Ofen, Sadrach, Mesach und Abednego aus der Bibel. In der Glut des Ofens priesen sie noch Gott und sangen, und sie wurden erhört und erlöst durch ihren Glaubensmut. Sie drängten sich nicht dazu, erlöst zu werden. Sie hatten sich in ihr Schicksal ergeben, sie gaben Gott die Entscheidung, sie zu erlösen; vielleicht hielten sie dies selbst für unmöglich. Aber sie ließen die Tür für Gott offen. Hätten wir, die wir hier zusammen und doch fürchterlich einsam lagen, nicht auch Gott lobpreisen können, als Protest, als Demonstration? Wenn einer es gewagt hätte, hätten wir es getan und unser Tod wäre ein lichter Tod gewesen. Aber niemand wagte es; ich auch nicht. Ich war einer der jüngsten, sicherlich hätten sie nicht auf mich gehört.

Ich dachte an meinen geliebten Schutzengel Raphael — der treue Freund hatte die jungen Wanderer sicher bis zu ihrem Ziel geleitet. Mein Weg war hier in wenigen Stunden zu Ende, es war also kein Weg mehr zurückzulegen. Den Mut zum Tode hatte ich. Bedurfte ich dazu des Geleits des Raphael? Für den Tod war ein anderer Engel zuständig, Uriel. Ich dachte an die feierlichen Beisetzungen in unserer Kirche, an den Gesang: „Mit deinen Heiligen, Herr, laß ruhen die Seele deines Knechtes, da es keine Trauer, keine Seufzer, kein Leid, sondern ewige Freude gibt." Ja, die Heiligen, die ich so liebte, den Franziskus, den Sergius, den Serafim von Sarow, die Starzen von Optina Pustyn — wenn ich an ihre Liebesfähigkeit und Freundlichkeit dachte, wurde es mir für Augenblicke warm ums Herz. Kein Leid, keine Seufzer? Ich war nie vor dem Leid geflohen, wußte ich doch aus Erfahrung, daß auf jedes Leid Freude folgt, Lösung, Erlösung. Fast bedauerte ich, daß es dort gar kein Leid mehr geben sollte. Freude allein könnte vielleicht fad werden. Dann dachte ich an manche Wandersmänner und Mönche und an den Starez Anatolii, an die Freude, die aus ihnen strahlte, und ich begriff, daß es nicht darum ging, das Leid zu vernichten, sondern es durch die Freude zu überwinden. Ja, das Vorgefühl solcher Freude hatte ich schon erlebt, und ich nahm jenes Versprechen der Freude in mich auf. Aber die Schwäche und der Hunger hinderten mich am Denken. Ich verfiel in einen Dämmerzustand.

Die Tür wurde geöffnet, wem galt es diesmal? Ein Soldat schob eine Waschschüssel mit Suppe herein. Ich blickte auf. Das Gesicht des Mannes kam mir bekannt vor. Es konnte unser Kutscher Aleksandr sein. Ich räusperte mich, um seine Aufmerksamkeit zu wecken. Er schaute mich an, und Schrecken oder Erkennen leuchteten eine Sekunde in seinem Gesicht auf. Dann war es wieder undurchdringlich.

Wir alle im Weißen Haus hatten Aleksandr sehr geliebt. Zu Beginn des Krieges war er eingezogen worden. Wir hatten ihm Päckchen geschickt, und jeden Urlaub war er zu uns gekommen und war uns ein lieber Hausgenosse gewesen. Nun war er bei den Bolschewiken, sogar bei dem Exekutionskommando! Aber dergleichen war man schon gewohnt. Wieviele der treuesten Bauern brandschatzten und plünderten die Schlösser ihrer Herren, sie waren von der allgemeinen

Welle des Hasses angesteckt worden. Ich mußte über die Seltsamkeit fast lächeln, daß Aleksandr vielleicht auf mich schießen würde?

Es war schon dunkel, als die Tür wieder geöffnet wurde. Mein Name wurde gerufen. In der Tür stand der riesige Soldat, den ich für Aleksandr hielt. Ich war nicht sicher, ob er es wirklich war. Sein Gesichtsausdruck war undurchdringlich, es war, als ob er eine Tarnkappe darüber gezogen hätte, um sich unkenntlich zu machen. Ich schleppte mich mühsam zur Tür, ich versuchte gerade zu gehen und mir nichts anmerken zu lassen, aber es war ein eigentümlich weiches Gefühl in meinen Knien.

Jener packte mich derb am Genick und schob mich vor sich her. Einige andere Soldaten lachten rauh. „Was willst du tun?" — „Wartet nur, laßt mich allein, mit dem habe ich eine eigene Rechnung zu begleichen!" — „Na, dann helfen wir dir dabei!" — „Nicht doch, das ist eine Privatrechnung, ich brauch euch nicht, mit dem werde ich allein fertig!" Die anderen lachten. „Es kann nur Aleksandr sein", dachte ich, „aber was für eine Privatrechnung hat er mit mir abzumachen, ich habe ihm doch nie etwas Böses zugefügt? Nur weil ich Aristokrat bin? Sollte er schon so verhetzt sein?"

Er schob mich hinaus in den Hof, ein großer Lastwagen stand da, undeutlich konnte man unterscheiden, daß er mit Leichen vollgepackt war. Der Bekannte oder doch Unbekannte blieb stehen, der harte Druck der Hand in meinem Nacken löste sich. „Los, marschiere nach vorne!", kommandierte er. Ich war zu schwach, ich zögerte. „Los, habe ich gesagt!", brüllte er. Ich ging schwankend einige Schritte. Dann fielen Schüsse. Ich wurde erschossen.

„Ob ich schon tot bin?", dachte ich, „es ist leichter, als ich dachte." Ich spürte keinen Schmerz. Nur eine gewisse Leichtigkeit. Alle Angst und das Ziehen in der Magengrube waren verschwunden. Eigentlich müßte ich jetzt fallen. Alle Erschossenen fielen, das wußte ich. Vielleicht war ich gar nicht tot, sondern verblutete langsam? Man hörte, daß viele ihre Verwundung in der ersten Aufregung gar nicht spürten. Das Schießen hörte auf. Schritte kamen hinter mir her. Wieder spürte ich den harten Griff im Nacken. Der Mann schleppte mich hinter den Lastwagen. Dort war ein großes und ein kleines Tor. Er stieß das kleine Tor auf. „Verschwinde, aber schnell!", flüsterte er und gab mir einen Stoß. Das Tor schloß sich wieder.

ERRETTE MICH NACH DEINER WUNDERKRAFT

Ich war draußen in der Dunkelheit. Ich lebte. Wie durch die Hand eines Engels war ich aus einem Ort errettet, aus dem man nur in jene schrecklichen Lastwagen wie Brennholz, schön aufgeschlichtet, verpackt wurde. Ich hatte Aleksandr diese Errettung zu danken. Er tat es auf eigene Lebensgefahr, und er tat es so klug, daß ich selbst bis zum letzten Augenblick nicht erkannte, ob er es wirklich war und welche Absicht er hatte. Ich hatte ihm zu danken, es gehörte sich so. Aber es war keine Freude des Errettetseins, des Überlebens in mir. Nun fingen die Schwierigkeiten erst an. Ich kannte die Gegend nicht; wie sollte ich mich, entkräftet, hungrig und müde, wie ich war, bis zum Arbat durchfinden? Keine Seele war auf der Straße, ein kalter Wind wehte.

Ich stand vor einer Kirche, ich versuchte die Türklinke herunterzudrücken, die Tür gab nach und öffnete sich. Drinnen war ein kleines rotes Licht, das vor dem Bild der Muttergottes brannte. Ich kniete vor der Ikone nieder und küßte sie. Dann stellte ich einige Stühle zusammen und legte mich darauf, es war hier so kalt wie drüben im Keller. Im Einschlafen dachte ich an die Geschichte der wunderbaren Errettung des Petrus aus dem Gefängnis. Auch sein Engel stieß ihn in die Seite und packte ihn unsanft an. Auch er, Petrus, hielt das alles zunächst für einen Traum.

Dann schlief ich ein. Ich erwachte von einem starken Luftzug. Ich war sofort wach und hatte die Empfindung: das ist der Engel! Es war eine scheue Fledermaus, die wie ratlos hin und her flatterte. Ich verfolgte ihren Flug. Die Ereignisse der vergangenen Tage standen wie etwas Unwirkliches, etwas Geträumtes vor mir auf und es kam mir zum Bewußtsein, daß ich wirklich lebte, daß ich aus jenem Hades auf wunderbare Weise herausgekommen war. Wieder dachte ich an die drei Jünglinge im feurigen Ofen. Ein Engel ließ sie die Glut des Ofens nicht fühlen. Hatte ich denn alle Schrecken jener Keller gespürt, oder war ich hindurchgegangen wie ein Betäubter, wie im Dämmerzustand? Und wenn ich, so völlig passiv, völlig ohne mein eigenes Dazutun errettet worden war, fiel da nicht die ganze Größe der Errettung Gott zu oder seinem Boten Aleksandr?

Ich begriff, daß dieses passive Geschehenlassen einen Auftrag in sich enthielt, einen Auftrag, dessen Sinn ich noch nicht erfaßte, der aber einen Sinn haben mußte, sonst wäre nicht geschehen, was geschehen war; denn das wußte ich, daß nichts ohne Sinn geschah. Ich kniete nieder vor dem Bild der Muttergottes und küßte ihre Hände und die Füße des Heilandknaben, und tiefe Dankbarkeit und ein leiser Funken von Lebensfreude erfüllten mich. „Laß mich dir gehorchen, laß mich dein Bote sein, und ich will gehen, wohin du mich sendest!" Ich schaute lange in das verklärte Antlitz.

Ich hatte furchtbaren Hunger. Wäre es eine Sünde, wenn ich, nachdem sie mich vom Tode errettet hat, sie um ein Stück Brot bäte?, dachte ich. Ich wagte es doch. „Und sende mir ein Stückchen Brot!", bat ich. Ich wollte mich noch eine Weile schlafen legen, bis es hell geworden sei, ich suchte ein windstilleres Plätzchen. Ich fand es in der Nähe eines Fensters. Auf dem Fensterbrett lag eine Kindermütze, ich konnte sie gut brauchen, ich hatte keine. Neben der Kindermütze lag etwas Weißes, ich hielt es für Mörtel, aber es war ein Stück einer Prosphore, eines geweihten Brotes. Nie war meine Freude und Dankbarkeit so groß wie in jenem Augenblick. Ich pustete den Staub von dem Brot ab, küßte es, bekreuzigte mich und nahm es behutsam in den Mund. Es war steinhart, aber es war Brot, Brot des Lebens.

Ein Wort aus dem Psalm Davids fiel mir ein: „Du deckst vor meinem Antlitz den Tisch, o Herr!"

Draußen dämmerte es. Ich ging rückwärts zur Tür, mich bekreuzigend behielt ich das Antlitz der Muttergottes bis zum letzten Augenblick im Auge.

BEGEGNUNG DER RIVALEN

Sascha und Nikifor schlugen sich vorsichtig und sehr langsam durch das Land. Ihr Ziel war die Ukraine, die ein eigenes Regiment unter dem Hetman Skoropadski hatte. Das Geld war entwertet und nutzte ihnen nichts. Sie waren beide als Bauern verkleidet. Sie verdingten sich auf dem Lande und arbeiteten. Nikifor packte mit Freude und Geschick zu. Sascha war an Arbeit nicht gewöhnt, er verletzte sich leicht, weil er Axt und Sense nicht zu handhaben verstand, er holte sich schmerzende Schwielen, aber er ließ den Mut nicht sinken. Sie hatten gefälschte, oder besser gesagt, echte Papiere, die sie von anderen Personen gekauft hatten. Sie suchten so wenig wie möglich aufzufallen, um nicht als Gegenrevolutionäre entlarvt zu werden. Woche um Woche verging. Sie hatten sich etwas Geld verdient und konnten sich eine Eisenbahnfahrt leisten. In Nischni-Novgorod stiegen sie aus.

Nikifor zeigte Sascha einen mittelgroßen Mann mit rötlichem Bart, der neben einigen großen Säcken stand. „Schwarzhändler?", fragte Sascha. „Nein Herr" — oft versprach sich Nikifor und nannte Sascha gewohnheitsmäßig Barin — „nein Herr, das ist kein Schwarzhändler, du wirst staunen, wer das ist. Den sendet uns Gott persönlich, und uns ihm. Das ist unserer Herrin geschiedener Mann, „Karluscha", der kommt aus der Zivilgefangenschaft in Jenotajewsk in der Wolgasteppe. Wo soll er sie denn in Moskau suchen, wenn er ihre Adresse nicht hat? Nun werden wir sie ihm geben und er soll ihnen erzählen, daß er uns getroffen hat, daß wir wohlauf und unterwegs sind. Schreib schnell an die Herrin einen Brief und gib ihn ihm. Ich gehe derweilen zu ihm hin und gebe mich ihm zu erkennen." — „Wie soll ich ihm denn einen Brief an Jadwiga geben? Das geht doch nicht!" — „Tu es nur, wir schreiben den Namen der Njanja darauf und sagen, sie sei meine Gevatterin. Ich schreibe den Umschlag."

Sascha setzte sich in höchster Erregung hin. Er fand einen nicht ganz frischen Papierfetzen und einen Bleistift. Er kritzelte einige Worte darauf: „Geliebte Jadwiga, geliebter Bobik, durch Gottes sichtbare Fügung haben wir in dem unermeßlichen Rußland Karluscha getroffen, so können wir euch Nachricht geben, wir sind wohlauf und unterwegs. Gott hat uns bis hierher wohlbehütet geleitet. Mit seinem

Segen werden wir auch weiterkommen. Rein äußerlich betrachtet, pilgern wir, arbeiten in Fabriken oder in der Landwirtschaft, kämpfen uns durch. In meiner Seele aber trage ich euch, bete für euch, sorge mich um euch und segne euch. Gott, der uns getrennt hat, wird uns wieder zusammenführen. Daran glaube ich, das allein gibt mir die Kraft zum Leben."

Dann lief er in die Bahnhofshalle und kaufte einen Umschlag. Derweilen unterhielt sich Nikifor mit Karluscha, erzählte ihm alle Vorkommnisse und gab ihm Anweisung, wie er sich verhalten solle. Dann ging er zu Sascha und schrieb Jadwigas Adresse auf den Umschlag. Darunter schrieb er: „für Njanja, Feona Ponomarewa" und unterstrich den Namen. Er trug den Brief zu Karluscha. Sie umarmten und küßten sich wie Brüder. Karluscha weinte vor Rührung. Nikifor bekreuzigte ihn, wenn er ihn auch nicht für einen Christen hielt, denn Karluscha war evangelisch. Dann trennten sie sich. Nikifor nahm Sascha an der Hand und sie verließen den Bahnhof. Nikifor schüttelte immerzu den Kopf. „Wenn man das bedenkt, unser Mütterchen Rußland, wie groß ist es von Wladiwostok bis Archangelsk und bis an die deutsche Grenze, und zu gleicher Minute am gleichen Ort trifft man sich ohne Verabredung. Und dann sagen die Tölpel, die Roten, es gebe keinen Gott, Gott sei eine Erfindung, Gott habe abgewirtschaftet! Solch ein Blödsinn, wer sonst kann denn so etwas als Gott!" und er bekreuzigte sich.

BOTSCHAFT AUS DEM MUNDE DES FEINDES

Karluscha kehrte nach Moskau zurück. Er fand eine Unterkunft. Er versuchte, seine Fabrik zurückzubekommen, es war ein nutzloses Unterfangen. Alles war beschlagnahmt und verstaatlicht. Außerdem stand die Fabrik still, die Arbeiter waren auseinandergelaufen. Er entschloß sich, nach Deutschland zurückzukehren. Nach vielen Wochen kam Nikifor wieder. Es war ihm gelungen, Sascha über die Grenze zu bringen. Sie waren bis nach Kiew gekommen in die Residenz des Hetmanns Skoropadski.

Nikifor hatte sich wieder von den Ukrainern zu den Bolschewiken durchgeschlagen, weil er es für seine Pflicht hielt, uns zu betreuen. Mit ihm wurde das Leben leichter. Er machte Ordnung in der Wohnung, vertilgte die Ratten, und er verstand es wie kein anderer, Lebensmittel im Schwarzhandel zu besorgen.

Die Theater begannen wieder zu spielen, es gab Vorträge und Dichterlesungen. Mami und ich gingen in den Saal des Polytechnikums, in dem es vor der Revolution allwöchentlich Dichter- und Künstlerversammlungen gegeben hatte. Wir wollten sehen, ob wir alten Freunden begegnen würden. Angekündigt war eine öffentliche Rede Leon Trotzkis und eines Geschichtsprofessors über die französische Revolution. Der Saal war überfüllt. Vorne auf der Bühne war ein mit rotem Tuch bedeckter langer Tisch, an dem die Mitglieder des Präsidiums saßen. Während des Vortrags betrachtete ich die Leute am roten Tisch. Mein Blick fiel auf ein Gesicht, das mir bekannt vorkam. Ich dachte nach. Nun wußte ich, es war der Kommissar, der mich im Gefängnis verhört und uns dann in den Tod geschickt hatte. Neben ihm saß unser ehemaliger Freund und Nachbar, der Student Valerii, dessen kommunistische Gesinnung uns als Kinder erschreckt hatte. Ich wurde blaß und zitterte. Jadwiga beugte sich zu mir. „Was hast du?", flüsterte sie. Ich wagte mich nicht zu rühren. „Dort, neben Valerii, das ist der Kommissar!", sagte ich leise. Plötzlich erblickte uns Valerii und grüßte. Etwas wie Freude des Wiedersehens huschte über sein Gesicht, dann wurde es wieder streng und abweisend. Der Kommissar schaute in die gleiche Richtung. Sein Gesicht blieb an meinem haften. Etwas ging in ihm vor. Dann flüsterte er lange mit Valerii.

Während des Applauses in einer Pause drängten wir uns durch die Menge dem Ausgang zu. Wir rannten und schauten uns um, ob jemand hinter uns her sei. Zuhause angelangt, meinte meine Mutter: „Es wäre mir wohler, wenn du mit Karluscha nach Deutschland gingest. Du bist hier gefährdet. Wenn sie dich nocheinmal festnehmen, du weißt, was dann passiert. Wozu? Es wäre ein nutzloses Heldentum. Geh doch mit ihm, ich flehe dich an!" — „Nein, Mami, mein Platz ist neben dir. Die letzten Worte Saschas waren, ich möchte dich beschützen, und das werde ich tun!" — „Glaubst du, es ist nicht genug, daß ich mich um Saschas Schicksal bange, soll ich mich nun auch um dich sorgen? Mir als Frau tut so leicht keiner etwas. Du aber bist gefährdet."

Seit jener Begegnung hatte ich keine rechte Ruhe mehr und ich ging auch nur selten allein aus. Nikifor nahm mich bei seinen Besorgungen mit. In seiner Nähe fühlte ich mich geborgen.

An einem Sommernachmittag standen Nikifor und ich in der Nähe unseres Hauses an der Ecke der Sadowaja und der Ulanskigasse. Wir schauten dem Treiben der Schwarzhändler zu. Ein Rotarmist näherte sich uns. In seiner Hand hielt er einen Zettel.

„Sag mal, Genosse, kennst du dich hier aus? Bist du von hier?"

„Ich bin von hier, Genosse, was hast du denn?"

„Ach, ich suche jemanden, weiß aber nicht, wo ich ihn finden soll, ich soll mich da nach einem erkundigen, ob und wo er wohnt."

„Wer soll es denn sein? Ich kenne hier herum eine ganze Menge Leute."

Der Soldat buchstabierte mühsam den Namen: „Wladimir Tschelistschew".

Ich wurde schneeweiß, meine Knie zitterten. Ich ergriff Nikifors Arm.

„Nein, Genosse, solche Leute wohnen hier nicht, da muß man dich falsch geschickt haben. Ich kenne die Ulanskigasse der ganzen Länge nach und auch den anschließenden Teil der Sadowaja, da gibt es weit und breit keinen solchen Namen."

Der Soldat kratzte sich am Kopf und blieb unschlüssig stehen. „Na ja, ich sollte mich auch nur erkundigen. Also danke für die Antwort." Er ging davon.

Nikifor sah mich besorgt an. „So, Bobik, wenn der Todesbote selbst zu dir kommt, persönlich sozusagen, dann weißt du wohl, was zu tun ist. Du wirst mit Karluscha nach Deutschland fahren, und zwar so schnell wie möglich. Vorher müssen wir dich aber gut verstecken. Ich weiß etwas. Der General Nabokin, oder der Kleinbürger Pjatkow, wie er sich jetzt nennt, wohnt am Stadtrand in einer kleinen Hütte, da werden wir dich unterbringen, dort findet dich kein Spürhund."

Für mich gab es keinen anderen Ausweg. Es war wie im Märchen von Iwanuschka Duratschok, der an eine Kreuzung kam: „Gehst du geradeaus, kommst du um, gehst du nach rechts, so fressen dich die Wölfe, gehst du nach links, so fällst du in einen Abgrund!"

DER FALSCHE ZUG

Karluscha ging zur deutschen Botschaft, in der Graf Mirbach als Botschafter residierte. Karluschas Verwandter Hilgers war Militärattaché. Er bat ihn, Papiere für mich auszustellen, erklärte ihm die Lage und fragte, ob wir nicht mit einem der nächsten Transporte wegkommen könnten. Hilgers und Graf Mirbach stellten die notwendigen Papiere ohne ein Wort zu sagen aus. Sie bestimmten für Karluscha, Wera und mich einen Platz in einem Zug, der Kriegs- und Zivilgefangene nach Deutschland brachte. Passenka, der noch klein war, sollte bei der Mutter und Großmutter bleiben.

Der Tag des Abschieds kam heran. „Partir, c'est mourir un peu", sagt ein französisches Sprichwort. Für mich war es nicht nur ein wenig Sterben, dieser Abschied von der geliebten Mutter, von der Heimat, die mich verstieß, war gleichbedeutend mit Sterben. Jadwiga nahm ihren ganzen Mut zusammen und versuchte mich zu trösten.

„Mach es dir nicht so schwer, mein Junge! Wenn man sich so nahe ist wie wir, dann trägt man den anderen in seinem Herzen. Keine Entfernung kann uns wirklich trennen. Alles, was wir gemeinsam erlebt und durchgemacht haben, macht uns reicher und reifer. Dies kann uns niemand nehmen, und du kannst es dir zu jeder Zeit und an jedem Ort in Erinnerung rufen. Wir wollen die Kraft haben, auch die Trennung mit Fassung und Gleichmut zu überstehen. Glaubst du, daß es mir leicht fällt, von Sascha getrennt zu sein? Aber du hast an mir noch keine Traurigkeit und keinen Mißmut gesehen. Ich versuche dem Leben immer die schönen und sonnigen Seiten abzugewinnen, und es schenkt mir immer die Fülle, auch jetzt, auch in der Bedrängnis und Not. Erwecke in dir das innere, das unvergängliche Licht und werde fest, dann kann dir im Leben kaum etwas Böses zustoßen!"

„Was ist denn das, das innere Licht?"

„Du kannst es selbst erleben, wenn du willst. Wenn du in einem ganz dunklen Raum bist, dann schau in das Innere deines Auges oder reib dir die Augen, und du wirst wunderbare Lichteffekte sehen. Aus dir selbst, mitten in der Finsternis kommen sie. Dieses Licht hat Gott in uns eingepflanzt, und wir können es zu einer leuchtenden Flamme entfachen, es kann aber auch rußen, wie unser Petroleumkocher."

In zwei Kaleschen, die Nikifor mit Mühe irgendwo aufgetrieben hatte, fuhren wir zum Bjelorussi-Bahnhof. Zwei unendlich lange Züge standen hintereinander auf einer Rampe. Karluscha wies seine Papiere vor. Ein Stationsbeamter sah sie durch. „Sie können nicht, wie vorgesehen, mit dem ersten Zug fahren, er ist besetzt, wir mußten umdisponieren, es war ein neuer Transport mit Gefangenen aus Sibirien gekommen, die haben den Vortritt. Aber in diesem Zug hier sind für Sie noch Plätze frei."

Karluscha war mit dieser Änderung nicht einverstanden, seinem heftigen Temperament entsprechend, das durch die lange Gefangenschaft zwar etwas gedämpft worden war, schimpfte er und wollte unbedingt die für ihn bestimmten Plätze haben. Wera und ich waren über diesen Ausbruch entsetzt. Wera wandte sich zu mir: „Na, das wird ja heiter, wenn es jetzt schon so anfängt und dann vielleicht so weitergehen wird!" Ich nickte bedenklich. Ich hatte mich als Junge mit Wera viel wegen Nichtigkeiten gezankt; das aber würde bedeuten, daß wir gegen Karluscha zusammenhalten mußten. Ich sagte nichts, aber innerlich gab ich mir das Versprechen.

Schließlich mischte sich Jadwiga ein. „Karl, es handelt sich doch nur um einige Stunden. Ihr habt so lange gewartet, was sind denn schon diese wenigen zusätzlichen Minuten! Ihr fahrt genau so unbequem hier wie dort. Bitte, sei jetzt freundlich! Denk an die Kinder, für sie ist es eine schwere Trennung. Sei lieb und väterlich zu ihnen!" Karluscha konnte sich nicht so schnell beruhigen, er fand es unter seiner Würde; er schimpfte etwas leiser weiter, dann versiegte der Strom der unguten Worte und er und Nikifor begannen, das dürftige Gepäck, das wir mitnehmen konnten, in einem Viehwagen zu verstauen.

Man stand umher und wußte nicht, worüber man sprechen sollte. Ich dachte: es ist wie bei einer Beerdigung, man spricht von allem Möglichen, nur nicht vom Verstorbenen und dem Leid der Hinterbliebenen. Ich wollte mich auf die Erde niederwerfen und sie küssen, aber ich genierte mich es zu tun. Ich hätte gerne etwas Erde aufgehoben und sie in die Fremde mitgenommen. Aber es war keine Erde da, nur verwitterter Asphalt, durch den Gras wuchs. Ich kehrte zu den Meinen zurück.

Schließlich gab der Stationsbeamte das Zeichen zur Abfahrt. Die Lokomotive pfiff schrill. Wir umarmten uns hastig, Mutter machte mir und ich ihr das Zeichen des Kreuzes auf die Stirn. Sie kramte in ihrem Täschchen und steckte mir ein altes kupfernes Kreuz aus der Zeit des Heiligen Sergius von Radonesch aus dem Kloster in Sagorsk zu. Ich schaute ihr noch einmal tief und voll Dankbarkeit in die Augen. Dann fuhren wir ab.

Wir fuhren durch die grauen Vorstädte mit ihren niedrigen alten Häusern. Dann aber kamen Wiesen und Wälder, Dörfer und Kirchen mit goldenen Kuppeln. Wie lange hatten wir das alles nicht mehr gesehen! „Wie schön ist doch diese Welt!", dachte ich mit Rührung, „wie schön und ewig. Was liegt daran, ob wir vergehen, sie bleibt und sie ist uns das Siegel Gottes, daß er uns in sie hineingestellt hat, in ein Paradies, das wir durch unsere Unvollkommenheit und Bosheit zur Hölle machen."

Tagelang ratterte der Zug durch das russische Land. Wir waren nicht mehr weit von der Grenze. Da hielt der Zug plötzlich. Wir sprangen aus dem Wagen. Was war passiert? Am Horizont war der Himmel feuerrot und man hörte Detonationen. Wir waren beunruhigt, gerieten wir in Kampfhandlungen? Stunden später kam ein Trolly. Die Männer berichteten uns, daß der zuerst abgefahrene Zug auf einen Munitionszug aufgeprallt sei. Mehrere Wagen seien völlig zerstört worden und brannten. Es habe zahlreiche Tote gegeben. Karluscha wurde bei dieser Nachricht schneeweiß im Gesicht, er wischte sich immerfort den Schweiß von der Stirn und es waren wohl auch Tränen dabei. Er suchte unsere Nähe, ergriff unsere Hände und hielt sie fest. „Und ich habe geschimpft und getobt! Was wäre aus uns geworden!" Er war tief erschüttert. Es war das erstemal, daß wir ihn uns nahe und als Mensch empfanden. „Vielleicht sollte man überhaupt weniger schimpfen", meinte ich. — „Wenn man so etwas erlebt!", sagte er gedehnt.

WIEDERBEGEGNUNG MIT JADWIGA

Wir Fremdlinge kamen in Karluschas Heimat, in Remscheid, an und wohnten in einem alten dunklen Haus aus dem siebzehnten Jahrhundert, das Onkel Ernst Frohn gehörte. Wie anders war es als das helle Weiße Haus in Girejewo, oder das alte Schloß Onkel Iwan Tarletzkis, oder das unermeßliche Krassnoje Sselo, das den Flammen anheimgefallen war, oder die geheimnisvolle Eremitage. Aber welcher Unterschied zu unserer letzten unglückseligen Behausung in der Ulanskigasse! Wera und ich bekamen wunderbare Zimmer, deren Fenster Aussicht auf einen großen Park mit alten Bäumen hatten. Die Räume waren dunkel und niedrig, aber man war in ihnen geborgen. Der erste Weltkrieg näherte sich seinem Ende. Unsere neuen Verwandten und Nachbarn waren der Meinung, daß sie hungerten. Uns aber erschienen die Kartoffeln, das etwas feuchte Brot, die Suppen und der Brei aus Gerste, die Kohlrüben und der süße Brotbelag aus Rübenkraut als ein himmlischer Nektar. Es gab jeden Tag ein Frühstück, ein warmes Mittag- und Abendessen und Kaffee. Wir staunten und hielten das für ein Geschenk des Himmels. Die Stuben waren geheizt, die Fensterscheiben waren nicht zerbrochen, und wenn man auf die Straße ging, konnte man gewiß sein, daß man weder erschossen noch verhaftet würde. Langsam, langsam gewöhnten wir uns an diesen Zustand von Geborgenheit und Sicherheit.

Wera und ich sprachen dank unserer baltischen Gouvernanten ein etwas holpriges, veraltetes Deutsch, wahrscheinlich aus Friederizianischer Zeit, es waren mehr französische als deutsche Wörter darin. Das Schlimme war, daß die Remscheider unsere Sprache nicht verstanden, uns aber war es völlig unmöglich, das, was sie für Deutsch hielten, zu verstehen. Wir versuchten, hinter den gesprochenen Worten das Schriftbild des Worts zu erraten, es gelang uns meist nicht. Die Menschen lachten über uns. Wir fühlten uns beleidigt und unverstanden. In der Schule staunten uns die Mitschüler als Meeresungeheuer an, die aus dem fernen Rußland hierher verweht worden waren. Aber es gab einige, den Lehrer Lipps und die Lehrerin Maria Braun, die Schüler Werner Honsberg und Heinz Griess, die uns mit großer offener Herzlichkeit entgegenkamen, uns überall halfen und uns beschützten; das gab uns einige Wärme und Freude in der Fremde.

Unsere Sehnsucht nach der verlorenen Heimat war groß. Karluscha baute sich eine neue Existenz auf und kümmerte sich wenig um uns. Von der Mutter gab es keine Nachrichten. Lebte sie noch? Oder waren sie und Babuschka und Passenka umgekommen? Die natürliche Wärme, das Sich-Umarmen beim Begrüßen, das einander Du sagen, die zärtlichen Ausdrücke bei der Anrede, das uneingeschränkte Offensein zum anderen, das fehlte uns hier; es wehte ein kühler Luftzug von Mensch zu Mensch, den wir nicht gewohnt waren. Wir waren ratlos über jenes „Andere". Wir konnten es niemandem erklären, denn niemand kannte unser Land und begriff die andersartigen menschlichen Beziehungen. Es war uns, als ob wir uns hier feste Masken über unsere Gesichter und Seelen stülpen müßten. Die Kirche fehlte mit ihren feierlichen Liturgien, dem Stehen vor Gott und jenem Funken von Liebe und Freundlichkeit, der von dem einen zum anderen übersprang.

Ein Mensch war da, zu dem es uns unwiderstehlich hinzog und der immer ein offenes Herz für uns hatte, Mamis Freundin, Tante Lucy Arndt. Sie war in Rußland aufgewachsen, sie kannte unser Zuhause, sie sprach unsere Sprache. Sie ersetzte uns alles, was wir dort verloren hatten. In ihrem schönen Haus hingen Ikonen und gab es eine Menge russischer Kunstgegenstände, ein herrlicher silberner Ssamowar stand ausgedient im Eßzimmer. Sie war uns Mutter und Njanja und Freundin zugleich. Die vielen Stunden mit ihr waren Balsam für unsere darbenden Seelen. Sie tröstete uns und bat uns, mit den Deutschen Geduld zu haben, wir sollten versuchen, ihre guten Seiten zu sehen. In Europa gebe es eben keine „schirokaja natura" wie bei uns (breites, ausladendes Wesen). Die Menschen lebten hier seit Jahrtausenden auf viel engerem Raum beieinander und das bedinge, daß sie zurückhaltender, mißtrauischer, verschlossener seien. Sie seien es nicht gewohnt, ihre Liebe und Freundschaft und Bewunderung sogleich auszusprechen. Aber sie hätten einen guten Kern, sie seien viel zuverlässiger als wir Russen, ordentlicher, besonnener, fleißiger, vernünftiger. Ihr kleines Land sei wie ein Schmuckkasten, und das könnte man nun von Rußland wirklich nicht sagen, meinte Tante Lucy. Wir verschlossen uns ihren Argumenten; lieber Unordnung, Unzuverlässigkeit, aber ein Zuhause!

So verging das erste Jahr in Deutschland. Wera und ich schlossen uns enger aneinander, weil niemand anderer da war, mit dem wir uns hätten aussprechen können, Tante Lucy ausgenommen. „Ob Mami noch lebt? Es ist so schrecklich zu leben und von dem geliebten

Menschen nichts zu wissen!" — „Hätte ich gewußt, wie alles kommt, ich wäre nicht mitgekommen, lieber wäre ich dort verhungert oder erschossen worden, dann läge ich in meiner Heimaterde. Diese Ungewißheit über Mami und Sascha ist fürchterlich! Für Tote betet man um ihr Seelenheil; man weiß nicht einmal, in welcher Weise man beten soll." — „Wir sind undankbar, wir haben es doch gut hier, denk doch an all das Furchtbare, das wir erlebten. Hier haben wir einfach alles. Und Karluscha ist doch auch nicht so schlimm, wenn er auch manchmal aus dem nichtigsten Grund loswettert, aber er sorgt gut für uns!" — „Das tut er, aber dieses Toben verletzt mich bis in den Kern meiner Seele! Darf ein Mensch denn sich so gehen lassen und einen anderen dadurch so erniedrigen?" Wir wurden mit all diesen quälenden Fragen nicht fertig.

Aber eines Tages, im Sommer 1919, rief mich die Haushälterin. „Herr Bolonja, (sie konnte meinen Namen Wolodja nicht aussprechen), hier ist ein Telegramm für Sie." Wera und ich rannten die Treppe hinunter, wir entrissen dem jungen Postboten das Telegramm. Es war adressiert: „Wolodja und Wera Lindenberg." Wir rissen es auf. Wir lasen es immer und immer wieder: „Hurra, Passenka und ich sind in Deutschland! Auf Wiedersehen in einigen Tagen! Mutter!" Wera rannte hinauf, ergriff ihr Portemonnaie und schüttete seinen Inhalt in die Hand des Postboten, dann fiel sie ihm um den Hals und küßte ihn ab. „Du mein Engel, du mein Engel!", schluchzte sie. Die Haushälterin stand kopfschüttelnd am Treppenabsatz. „So benimmt sich doch keine junge Dame!" Der Postbote war völlig verdutzt, solch ein Dank war ihm noch nie zuteilgeworden. Dann wirbelte Wera die Haushälterin herum. Sie mußte ihrer Freude irgendeinen Ausdruck verleihen.

Und dann holten wir Mami am Bahnhof ab. Wir baten Karluscha, es allein tun zu dürfen. Wir hatten Herzklopfen. Wie wird sie aussehen, eine abgehärmte alte Frau, die durch alle Schrecknisse hindurchgegangen ist. Wir waren traurig um ihre vergangene Schönheit, auf die wir so stolz gewesen waren. „Wir werden alles für sie tun, damit sie wieder zu Kräften kommt", sagte Wera.

Dann kam der Zug. Aus einem Abteil stieg eine junge, schöne, elegant gekleidete Dame mit einem Knaben an der Hand. Wir stutzten, es war unsere Mutter. Wir rannten auf sie zu und erdrückten sie fast in unseren Umarmungen. Passenka zupfte uns am Ärmel, er wollte auch umarmt werden. Wir brachten Jadwiga zu Tante Lucy, wo sie wohnen sollte. Passenka ging mit uns.

Welches Wunder hatte uns die Mutter wiedergeschenkt? Das Leben drüben war immer schwieriger und aussichtsloser geworden. Passenka, der sich auf dem schwarzen Markt herumtrieb, war verwildert. Mutter hatte Sehnsucht nach uns. Von Sascha kam keine Nachricht. Eines Tages, als sie in einer alten Hutschachtel kramte, fand sie einen längst abgelaufenen Paß auf Karluschas Namen. Sie hatte eine Idee. Graf Mirbach war inzwischen von einem fanatischen Attentäter erschossen worden. Aber Herr Hilgers war noch an der deutschen Botschaft. Sie ging hin, wies den Paß vor, und man stellte ihr einige Papiere aus. Sie begab sich in das ungewisse Abenteuer der Reise, der Flucht. Sie hinterließ die Großmutter der Obhut des Nikifor. Passenka, auf dem schwarzen Markt erzogen, war ihr ein guter Begleiter, er hatte es gelernt, hartnäckig zu verhandeln, er zählte das Geld genau, und man konnte ihn nicht leicht übers Ohr hauen. Jadwiga war leichtgläubig und vertrauensselig wie immer. Sie kamen bis zur litauischen Grenze. Dort mußten sie illegal mit Pferdefuhrwerken auf Schleichwegen über Sümpfe fahren.

Die Flüchtlinge sammelten sich zu Gruppen, warteten in entlegenen Bauerngehöften auf mondlose Nächte, dann wurden das Gepäck und die Menschen aufgeladen und man fuhr los. Es waren vier Gefährte. Ein Wagen kam vom Wege ab und begann rasch im Sumpf zu versinken. Es war stockfinster, man durfte sich nicht laut verständigen. Es gelang den Leuten, abzuspringen und einiges Gepäck aus dem Wagen zu werfen; sie versanken fast im Sumpf, man zog sie mit Mühe heraus. Da hörten sie ein Kind wimmern, sie hatten im Schrekken vergessen, ein zweijähriges Kind zu retten. Jadwiga versuchte sich zum fast schon versunkenen Wagen durchzuarbeiten, sie versank selbst, aber immer noch gab sie nicht auf. Passenka jammerte, zog sie am Rock: „Komm doch zu mir, ich bin auch noch da, ich kann dich doch nicht verlieren." Einige Männer ergriffen sie und zogen sie mit Gewalt heraus. Sie jammerte, sie wollte immer noch das Kind retten. Die Eltern des Kindes waren stumpf vor Verzweiflung. Schließlich gelangten sie nach Litauen.

Auf dem Markt in Wilna verkauften sie einige von ihren Kleidern und Pelzen, die Sachen wurden ihnen gierig aus den Händen gerissen. Passenka handelte mit den Käufern verbissen wie ein Alter. Es gab Lebensmittel und Süßigkeiten zu kaufen. Jadwiga geriet in einen Rausch, sie wollte alles kaufen. Passenka war der Vernünftigere. „Wir haben jetzt genug, Mami, du gibst noch das ganze Geld aus, wir müssen doch genug für die Überfahrt haben." Sie kam zur Besinnung.

Rußland, der Hunger, die Bolschewiki waren hinter ihnen. Vor ihnen war ein neues Leben in der Fremde und die Begegnung mit den Kindern ...

DAS WUNDER

Eines Tages bekam Jadwiga einen Brief. Der Umschlag trug Saschas Schriftzüge. Es war eine Marke der Ukraine darauf. Sie mußte sich setzen, ihre Hände zitterten. Es war ein Brief von Sascha.

... „Das Ganze ist phantastisch, und als vernünftiger Mensch sollte ich darüber lächeln. Aber ich habe so viele Dinge zwischen Himmel und Erde erlebt, von denen ich später erfuhr, daß sie Sendungen sind, daß ich es für vermessen hielte, jenem seltsamen Wink nicht zu gehorchen. Gott strafte immer die Menschen, die seine Botschaft nicht annahmen. Ich arbeite hier als Kulturkommissar im Ministerium des Hetman Skoropadski. Wir bemühen uns, eine ukrainische eigenständige Kultur aufzubauen ... sic! Die Arbeitsbedingungen sind gut und die Menschen sind freundlich zueinander.

Stell dir vor, vor einigen Tagen gab es hier ein Judenpogrom. Niemand kennt dessen Ursache, aber plötzlich flammte jener unbegreifliche, immer schwelende Haß wieder auf. Die Kiewer plünderten die Häuser und Geschäfte der Juden und mißhandelten die Menschen. Die Polizei stand umher und schaute untätig zu. Ich erfuhr es, rannte wie von Sinnen auf den Markt, mobilisierte die Polizei und es gelang mir schließlich, die Menge auseinanderzutreiben, ehe allzuviel Unglück geschehen war. Die Juden, denen soetwas jahrelang nicht mehr widerfahren war, waren verängstigt und schlugen ihre Stände auf dem Markt nicht mehr auf. Insgeheim sandten sie mir eine Abordnung mit Geschenken und einer Dankadresse. Ich schlug die Geschenke natürlich aus. Ich kann dir gar nicht sagen, wie ich alle diese Ausbrüche eines tierischen, elementaren Hasses verabscheue, ich schäme mich für meine Landsleute. Welche Schande ist es, Minderheiten, Andersgläubige, fremde Rassen zu verachten und zu überfallen!

Aber nun denk dir, was weiter geschah. Vorgestern gehe ich durch den Markt, da läuft immer ein alter blinder Jude mit seinem Enkel umher, den sie Meiserle Meschuggele nennen. Er ist soetwas wie ein Jurodivyi bei uns, halb verrückt, halb Hellseher, halb Weiser. Ich habe nie gesehen, daß er bettelte. Die Leute waren immer ehrerbietig gegen ihn. Sein Enkel sieht mich, grüßt mich und erzählt es wohl seinem Großvater. Jedenfalls kommen die beiden auf mich zu. Meiserle Meschuggele ergreift meine Hand, schüttelt sie lange und dankt mir für das, was ich für sein Volk getan habe. Dann sagt er: »Wenn du etwas wissen willst, was dir verborgen ist, frag mich, ich sag es dir.« Ich wurde sehr verlegen. Was sollte ich ihn fragen, was konnte er schon besser wissen als ich? Aber eine brennende Frage hatte ich doch auf dem Herzen. Eigentlich sagte ich es mehr zu mir selbst: »Ob wohl meine Frau und mein Sohn noch leben?« Er horchte auf. »Sie leben!«, sagte er. Ich erschrak über eine so bestimmte Antwort. Er beugte sich zu mir. »Schreib es dir auf: Remscheid, Lindenstraße 11.« — »Das ist doch in Deutschland! Wie sollten sie denn dahingekommen sein?« — »Schreib es dir auf!«, sagte der Jude streng. »Ich behalte es schon so«, meinte ich, denn es kam mir doch recht grotesk vor. Aber er zwang mich, die Adresse aufzuschreiben. Ich steckte den Zettel in die Manteltasche.

Ich wollte diese Geschichte vergessen, warum sollte ich mich solch vagen Hoffnungen, die dazu noch absurd sind, hingeben? Aber im Traum sah ich wieder den Meiserle und er bedrängte mich, ich solle dort hinschreiben. Ich schlief sehr unruhig und dachte an den Erzengel, der dem Bischof erschienen war und ihn aufgefordert hatte, auf dem Mont St. Michel eine Kathedrale zu bauen. Das war ein ebenso verrücktes Unterfangen. Der Engel mußte dreimal erscheinen, und schließlich tippte er ihm mit dem Finger auf die Stirn. An jener Stelle entstand eine Wunde, die nicht heilte, nicht eher heilte, als bis der erste Stein auf den Fels gemauert war. Ich wollte nicht ungläubiger sein als jener Bischof. Und deshalb schreibe ich heute diesen Brief.

Sollte er wirklich eine Weisung sein, dann ist niemand glücklicher als ich und als du und Bobik, meine geliebtesten Wesen. Schreib ich es in den Wind, na gut, dann werde ich um eine Illusion ärmer, und alles bleibt, wie es war, die Trauer, die Sehnsucht, die Ungewißheit . . .“

SASCHA ALS BOTE DES TODES

Jadwiga und ich schrieben sofort an Sascha und es entstand während zwei Jahren eine beglückende Korrespondenz. Mami und Sascha lebten aus der Beglückung dieser Verbindung. Saschas Sehnsucht war, einen Weg zu finden, nach Deutschland zu kommen, aber trotz aller Bemühungen gelang ihm das nicht. Dann lasen wir mit Entsetzen in den Zeitungen, daß die verschiedenen weißen Widerstandsarmeen zusammengebrochen seien und die Bolschewiki die Ukraine besetzt hätten. Was war mit Sascha geschehen? War er umgebracht worden? Wir hörten nichts mehr von ihm und waren niedergeschlagen. Einige Monate später erhielten wir einen Zettel von einem Mitarbeiter Saschas, der uns mitteilte, Sascha sei verhaftet worden und befinde sich im Gefängnis in Kiew. Er habe durch einen Wärter, den er kenne, erfahren, daß es ihm sehr schlecht gehe, er habe sich dort in ungeheizten Kellern die Füße erfroren und es sei kaum zu erwarten, daß er diese furchtbaren Strapazen überlebe. Das Schrecklichste sei, daß niemand ihm helfen könne, es herrsche Hungersnot und es sei auch unmöglich, etwas ins Gefängnis hineinzuschmuggeln. Einer habe dort vor dem anderen Angst.

Wir litten entsetzlich unter der Unfähigkeit zu helfen, etwas zu tun. Was blieb uns anderes übrig, als zu beten?

Eines Tages kam ein Brief von Sascha. Man hatte ihn aus dem Gefängnis entlassen. Er war ohne Obdach. Ein gütiger Priester nahm ihn auf und pflegte ihn. Jener und seine Frau seien wie Eltern zu ihm. Er wisse nicht, wie er ihnen danken solle. Durch irgendwelche Querverbindungen bestehe vielleicht eine vage Möglichkeit, dieses sein Land, das er nicht mehr lieben könne nach allem, was er dort erlebt habe, zu verlassen und nach Deutschland zu kommen. Er wage gar nicht daran zu denken ... — „Wenn ich hier in der gemütlichen warmen Stube sitze und lese oder euch schreibe: ich mag mich nicht umschauen — würde ich mich umschauen, so würde ich den Schatten des Todesengels Uriel erblicken. Er steht hinter mir im Türrahmen und wartet auf mich. Aber ich schaue mich nicht um." So endete sein Brief.

Wieder gingen in langen Abständen die Briefe hin und her. Und dann schrieb er glücklich: „Ich komme. Ich habe die Papiere und in drei Wochen besteige ich den Zug und bin bei euch. Ich kann es nicht glauben, denn jener, der an der Tür stand, steht immer noch dort. Ich freue mich, euch in meine Arme zu schließen, aber ich kann es mir nicht mehr vorstellen. Ich hasse dieses mein Vaterland. Aber werde ich in einem fremden Land mit einer mir fremden Kultur weiterleben können?"

„Mami, man weiß nicht, was man ihm wünschen soll. Ich bin toll vor Freude, ihn wieder zu sehen! Aber stell ihn dir hier vor, unter all den fremden Menschen, Sascha, der mit jeder Faser seiner Seele die Geschichte Rußlands repräsentiert. Er konnte viel reisen, aber er kam immer zurück. Diese Reise wäre ohne Rückkehr. Mir graut, wenn ich daran denke, wie unglücklich er sein wird."

„Wolodja, wir sind doch da, wir sind seine Heimat, wir werden ihn beschützen, wir werden ihn mit Freude erfüllen, glaub mir, es wird alles gut werden."

Ich freute mich an ihrer Freude, an ihrem Glück. Aber ich war bedrückt, und ich spürte, daß sie selbst in sich die quälende Sorge um Sascha überspielte. Sie bereitete geschäftig alles für seine Ankunft vor. Sie kaufte ihm nötige und unnötige Gegenstände und Anzüge. Mit liebevollem Blick besah sie die Sachen und dachte daran, welches Vergnügen es ihm bereiten würde, wieder ein wenig Bequemlichkeit und einen bescheidenen Luxus um sich zu haben. Jadwiga wohnte damals in Berlin. Ich war einige Wochen bei ihr. An dem Tag, an dem Sascha vermutlich ankommen würde, erwarteten wir ihn auf dem Bahnhof. Mit zwei Stunden Verspätung kam der Zug an. Unsere Herzen klopften. Jadwiga mußte sich setzen. Wir betasteten mit den Augen jeden Ankömmling. Sascha war nicht dabei, oder hatten wir ihn nicht erkannt? Ich rannte in die Halle und suchte dort, aber er war nicht da.

Niedergeschlagen gingen wir heim. Im Postkasten, unter anderer Post, war ein Brief von Sascha! „Gott sei Dank!", rief Jadwiga, „ein Brief von ihm." Sie riß den Umschlag, der von Sascha geschrieben war, hastig auf. Es fielen verschiedene Papiere heraus. Wir schauten befremdet hin. Der Brief stammte von dem Priester, der uns mitteilte, daß Sascha gestorben sei. Er habe auf der Straße einen kranken Mann, der aus dem Gefängnis entlassen worden war, aufgegriffen. Er habe ihn in seinem Zimmer aufgenommen und ihn gepflegt. Er habe aber nicht gewußt, daß der Mann an Flecktyphus erkrankt war. Sascha habe sich angesteckt und sei noch vor jenem Mann gestorben. Noch kurz vor dem Tode habe er den Umschlag mit der Adresse geschrieben, für einen Brief habe ihm die Kraft gefehlt. Er, der Priester, und die Gemeinde und all die vielen, die ihn liebten und verehrten und denen er als Minister geholfen hatte, hätten ihm das Geleit gegeben.

Wir setzten uns und weinten. Jadwiga flüsterte: „Dein Wille geschehe."

Ich hatte seit dem Abschied von Sascha im Kreml nie das Gefühl verloren, daß ich ihn nie wiedersehen würde. Auch wenn die Sehnsucht und die Hoffnung aufflackerten, eine innere Stimme sagte immer — nein.

„Siehst du, Mami, er selbst machte sich zum Boten seines Todes."

ABGEWIESENE HILFE

Es klingelte an der Tür. Jadwiga öffnete. Vor ihr stand ein abge-
härmter Mann in dürftiger Kleidung. Er bat um eine kleine Hilfe.
Sie brachte ihm etwas Geld. Da sie annahm, daß er hungrig sei, fragte
sie ihn, ob sie ihm nicht etwas zu essen geben solle. Er war sichtlich
erfreut und nickte.

„Wollen Sie bitte ein Weilchen hier warten, ich mache Ihnen etwas
warm." Sie ging rasch in die Küche und wärmte eine Speise auf. Sie
wollte den Mann in die Küche hereinbitten. Aber an der Tür war
niemand mehr. Sie lief die Treppe hinab und suchte ihn. Er war wie
vom Erdboden verschwunden. Sie setzte sich in die Küche und weinte
bitterlich. Den ganzen Tag war sie verstimmt und traurig über die
abgewiesene Hilfeleistung. Als ich zu ihr kam, wollte ich sie trösten.
„Vielleicht war er ein Trinker, der nur das Geld haben wollte und
dann weggegangen ist. Oder er hatte schlimme Erfahrungen gemacht
und glaubte, du würdest die Polizei holen. Du weißt doch, daß in
Deutschland betteln verboten ist."

Aber alle diese Argumente konnten sie nicht beruhigen. „Nein,
Wolodja, das alles kann es nicht sein. Mein Angebot ist nicht angenommen worden, das ist es. Und wenn er Angst vor mir gehabt haben sollte, was bin ich doch für ein Mensch, daß man Angst vor mir
hat! Du mußt es verstehen: da kommt einer zu dir und bittet dich
um Hilfe, und du weist ihn ab, das ist furchtbar. Gott kommt und
prüft dich, ob du bereit wärest zu helfen, zu geben, Not zu lindern,
und du weist ihn ab! Aber da kommt einer und bittet dich um etwas,
und du bist aus offenem Herzen bereit zu geben, und er geht weg und
nimmt es nicht an, Gott nimmt deine Gabe nicht an. Weißt du, es ist
zwischen Gott und uns ähnlich wie zwischen uns Menschen. Manchmal
willst du jemandem eine Freude machen oder ihm helfen, du mühst dich
ab, du bringst ein Opfer, ein großes Opfer, von dessen Maß der andere
gar nichts ahnt, und du bringst es ihm dar mit Freude im Herzen.
Und der andere nimmt es hin, so ganz selbstverständlich, vielleicht
sogar ohne zu danken. Du wartest auf einen Strahl der Freude in
seinen Augen, der dich beglücken, dich reich machen würde. Du aber
bleibst arm und allein mit deiner Gabe. Gewiß soll man keinen
überschwenglichen Dank erwarten und nur deshalb schenken, aber

der Beschenkte kann durch die Art, wie er eine Gabe entgegennimmt, durch seine Freude daran ein Schenkender werden. Wie furchtbar eine nicht angenommene Gabe sein kann, kannst du daran ermessen, daß unser Erzvater Kain deswegen zum Mörder wurde, so erbittert hatte es ihn, daß Gott sein Opfer nicht annahm."

Ich begriff und wurde still. Und später, als mir dann ein solches Nicht-Annehmen des Opfers oder Nicht-recht-Annehmen des Opfers widerfuhr, dachte ich an die erste Erfahrung, die mich damals befremdete.

BEGEGNUNG MIT ZANONI

Unter einigen Rosenkreuzer-Romanen gibt es zwei, die wir besonders liebten. Der erste ist der Roman des englischen Schriftstellers Sir Edward Lytton Bulwer, der das Leben eines Rosenkreuzers, eines Eingeweihten, Zanoni, schildert.

Der andere Roman heißt „Die Magier" und hat Sergei Ssolowjew, den Bruder des Religionsphilosophen Wladimir Ssolowjew, zum Autor. Mein Urgroßvater Aleksandr Iwanowitsch diente ihm als Vorbild des Rosenkreuzers, eines strengen, schweigsamen Gelehrten. Sein Gegenspieler dagegen ist ein einfacher russischer Dorfpope, der im Übermaß an verzeihender Liebe Probleme löst, die der andere nicht lösen kann.

Das letzte Buch, das wir in Girejewo, ehe wir es verließen, gemeinsam vorlasen, war Zanoni. Die Unbilden der Revolution brachen über uns zusammen. Wir kamen nicht dazu, es zu Ende zu lesen.

Im Herbst 1919 war ich Kanonier in der Batterie Vassoll. Ich hatte mich zu den Soldaten gemeldet, weil nach all den aufwühlenden Erlebnissen der Revolution und der Flucht aus der Heimat mich die bürgerliche Sicherheit unseres Daseins beunruhigte. Ich befand mich in der Kaserne in Münster in Westfalen. Ich hatte einen seltsamen Traum. Sascha war in Münster bei mir, ganz lebendig und natürlich. Er forderte mich auf, mit ihm in einen Buchladen auf dem Prinzipalmarkt zu gehen. Er wolle dort das Buch Zanoni für meine Mutter als Weihnachtsgeschenk kaufen. Wir gingen hin.

Im Buchladen forderte er einen jungen blonden Mann auf, ihm das Buch vorzulegen. Der junge Mann behauptete, sie hätten das Buch nicht. Mein Vater bestand darauf, daß er es vorrätig habe. Schließlich holte der Mann eine Leiter und fand das Buch in einem oberen Regal. Ich hatte noch nie so lebendig von Sascha geträumt. Als ich aufwachte, war mir der Traum noch ganz gegenwärtig und ich war glücklich.

Ich erzählte meinem Stubengenossen Willy von der Heidt von diesem Erlebnis. Für mich war es nur ein Traum. Willy aber sagte mit Entschiedenheit. „Heute, nach Dienstschluß, gehen wir natürlich hin!" — „Wohin?" — „Na in den Buchladen!" Ich weigerte mich, man würde uns für verrückt erklären. „Blödsinn, du brauchst doch ihnen nichts von deinem Traum zu erzählen!" Wir gingen hin, ich hatte

Herzklopfen. Ein junger Mann, ähnlich dem im Traum, bediente uns. „Ich möchte das Buch von Bulwer Lytton, Zanoni, in englisch haben, Tauchnitz Edition." Er schüttelte den Kopf. „Das haben wir nicht. Im Krieg wurden die meisten ausländischen Bücher ausverkauft oder entfernt, und seitdem wurden keine neuen angeschafft." — „Ich weiß genau, daß Sie es haben!" — „Aber ich bitte Sie, es ist wirklich nicht vorhanden." — „Doch, wenn Sie jene Leiter nehmen und zu dem Regal dort hinaufsteigen, dann werden Sie es finden!"

Er war böse und schimpfte vor sich hin. Durch meinen bestimmten Ton gezwungen, nahm er die Leiter und stieg hoch. Er suchte. Willy und ich sahen ihm gespannt zu. Dann hielt er ein Buch in der Hand, wir sahen, wie er blaß wurde und seine Knie nachgaben. Er stieg herab und hielt es mir hin. „Wie konnten Sie denn wissen, daß es dort sei?" — „Das ist mein Geheimnis", lachte ich, aber auch Willy und ich waren erschrocken. „Das ist eine Ausgabe von 1842, also muß das Buch 77 Jahre hier im Regal gestanden haben!"

„Ich danke dir, Willy! Hättest du nicht die verwegene Idee gehabt, einem Traum nachzugehen, wir wären nie in den Besitz des Buches gekommen! Es wäre eben nur ein Traum geblieben, und ein Auftrag, wer weiß woher, wäre nicht erfüllt worden."

Ich verpackte das Buch gut und sandte es meiner Mutter. Ich schickte ihr gesondert einen Brief, in dem ich die Begebenheit schilderte. Sie wartete mit Ungeduld auf das Buch. Es kam nicht an. Als ich einige Tage vor Weihnachten in Urlaub kam und sie besuchte, war sie traurig. „Nun ist das schöne Buch doch nur ein Traum gewesen!" Tante Lucy klingelte und wir versammelten uns vor dem Weihnachtsbaum. Da läutete die Hausglocke. Ein Postbote war da und reichte Jadwiga ein etwas zerfleddertes Päckchen. Darin war der Zanoni!

DIDI LOË

Ich studierte Medizin in Bonn. Ich fühlte mich fremd, ich war der deutschen Sprache nicht recht mächtig. Alles war anders als in der verlorenen Heimat. Es fehlte das befreiende Du, die Wärme, die russischen Menschen eigen ist, die freundlichen und zärtlichen Worte, die Umarmungen. Hier war alles steif, als ob die Menschen unter einem Hofzeremoniell lebten. Man wagte nicht, die Leute anzulächeln oder auf der Straße anzusprechen. Ich trug nach alter Gewohnheit und weil sie billig waren, Russenkittel, wie wir sie zu Hause trugen. Alle Menschen drehten sich nach mir um. Ich begriff lange nicht, warum. So lebte ich einige Monate in einem dürftigen möblierten Raum, dem Studium hingegeben, doch allein und ohne Freunde. In meinen vier Wänden schuf ich mir ein Reich der Erinnerungen. Ich begann nach altrussischer Art Wandteppiche zu sticken. Sie hingen nun an den Wänden und gaben mir das Gefühl, in meiner Heimat, in einem sakralen Raum zu sein.

Eines Tages machte ich eine Fahrt mit der Eisenbahn den Rhein links hinauf und rechts herunter, um die schöne Landschaft kennenzulernen. Auf der Rückfahrt stiegen in Neuwied zwei Damen in mein Abteil. Ich musterte sie eingehend, sie gefielen mir. Unbewußt hatte ich sogleich verwandtschaftliche Gefühle ihnen gegenüber. Ich war neunzehn Jahre alt und sah naturgemäß Menschen über vierzig als Greise an. Beide Damen betrachteten mich lächelnd, besonders die jüngere der beiden. Ich war sehr verlegen und wußte nicht, ob ich ihr freundliches Lächeln erwidern sollte. Ich versuchte intensiv aus dem Fenster zu sehen, aber wenn ich meinen Blick den Damen zuwandte, lächelten sie wieder.

Schließlich fragte die jüngere der beiden: „Sind Sie nicht der Junge, der vor dem Krieg mit seiner Mutter bei der Königin Carmen Silva auf Schloß Segenhaus war und der nach dem Abendessen, es gab Schinken und Spargel, seine Mutter fragte: »Mami, wo wird denn jetzt weitergegessen?« Er war von zu Hause her opulentere Mahlzeiten gewohnt. Wir haben damals sehr über ihn gelacht. Wenn mich nicht alles täuscht, müßten Sie es gewesen sein."

Ich wurde nachträglich rot vor Scham. „Ja, ich war es. Aber woher wissen Sie das alles?"

„Ich bin Baronin Didi Loë, die Pflegetochter der Fürstin Maria Wied. Ich wohne in Segenhaus und ich war damals zugegen. Was machen Sie jetzt?"

Ich wurde der älteren Dame vorgestellt. Es war die berühmte Pianistin und Musikwissenschaftlerin Ella von Adajewski, deren Namen ich von zu Hause her kannte. Sie war schon sehr betagt, und ich hatte nicht geahnt, daß sie noch am Leben war. Sie fragte mich nach vielen alten Freunden und Verwandten. „Was macht denn der liebe Junge Nikolai Obolenski? Und Serjoscha Tschelistscheff und seine Schwester Manja?" Ich stutzte, die gab es ja gar nicht, bis mir klar wurde, daß sie mit den jungen Menschen meine Großonkels und Tanten meinte, mit denen sie als Kind gespielt hatte. Sie hatte nämlich Rußland nach der Ermordung des Kaisers Alexander II. verlassen. Um die Befreiung der Leibeigenen durch den Zaren zu feiern, hatte sie seinerzeit die Oper „Morgenröte der Freiheit" geschrieben. Es hatten bereits Proben stattgefunden. Aber nach der Thronbesteigung Alexanders III. herrschte wieder die Reaktion, und jene revolutionäre Oper wurde vom Plan abgesetzt und verboten. Ella Adajewski verließ verbittert ihre Heimat und lebte seitdem in Italien und Deutschland.

Wir hatten uns so viel zu erzählen und waren alle über diese Begegnung so beglückt, daß wir fast verpaßten, in Beuel auszusteigen. Die Tage, die Baronin Loë im Hause ihrer Mutter, der Feldmarschallin Loë, in Bonn verbrachte, war ich täglich bei ihr und fuhr von da an jedes Wochenende nach Schloß Segenhaus. Die Begegnung im Zug bedeutete für mich die entscheidendste Schicksalswende meiner Jugend.

Didi Loë wurde mir zur Vizemutter und sie machte mir Deutschland zur Heimat. Ich begann, mich nicht mehr fremd zu fühlen, ich hatte liebende und verstehende Menschen, die mein Land, seine Menschen, seine Kultur und Literatur kannten und liebten. Später, als sie nach Bonn zog, bat sie mich, bei ihr zu wohnen. Ich tauschte das Milieu der Studentenbude mit einer Umgebung, die ich von zu Hause gewohnt war. Ich war behütet und beschirmt, und noch mehr, Didi Loë wurde mir zu einem lebendigen Beispiel für mein Leben. Sie war von Kindheit an schwer leidend und meist bettlägerig gewesen, sie war selten ohne Schmerzen und hatte Nervenlähmungen. Aber in den sechzehn Jahren unseres Beisammenseins sah ich sie nie ungeduldig, gereizt, schlecht gelaunt, verstimmt. Sie hatte die Haltung einer Königin. Sie war immer voller Anteilnahme für alle die vielen Menschen, die zu ihr kamen, nie aber sagte sie nur ein Wort über ihre schlechte Gesundheit oder ihre Kümmernisse, deren es viele gab.

Wenn ich, wie es bei einem jungen Menschen vorkommt, ungeduldig, ungerecht oder zu rasch mit meinem Urteil war, sagte sie zu mir und meiner Pflegeschwester Lia Loë: „Ihr seid noch jung und ihr werdet es jetzt nicht gleich verstehen, aber merkt euch fürs Leben: nehmt euch nie zu wichtig, denkt, ihr seid nebensächlich, und denkt, daß die anderen mit ihren Sorgen wichtiger sind als ihr! Das wird euch immer helfen." Wir haben es wohl nicht sogleich begriffen, aber sie lebte es uns täglich vor, und bei diesem stetigen Beispiel, in den veredelnden Gesprächen, im Umgang mit kultivierten Menschen dämpfte sich allmählich unser Egoismus und unsere Ungebärdigkeit. Wir wurden leiser, geduldiger, toleranter, liebender, helfender.

Durch sie begriff ich, was Filiation, geistige Sohnschaft ist; jenes Annehmen einer Lehre, eines Verhaltens, der Erfahrungen eines Menschen, der einem solches vermittelt, und auch das Dankbarsein für alle jene, die hunderte und tausende von Jahren vor uns gelebt, gedacht, gehandelt und gelehrt haben und die durch uns unsterblich bleiben, wenn wir in Ehrfurcht ihre Erfahrungen und Lehren zu den unseren machen. Didi Loë hatte die seltene Gabe, die auch meine Mutter, mein Vater und Onkel Tarletzki besaß: wenn sie von einem Menschen sprachen, der in uralten Zeiten gelebt hatte, so erzählten sie von ihm so plastisch und lebendig, daß er fast leibhaftig vor einem stand. So wurden mir Gestalten der Geschichte, Stifter der Religionen und Philosophen und mehr noch Heilige zu vertrauten Personen.

Es sind schon fast zwanzig Jahre, daß Didi Loë diese Erde verlassen hat, aber sie lebt in meiner Pflegeschwester Lia Loë und in mir wie ein schützender Engel, der sie uns zu Lebzeiten war, weiter. Jeder Gedanke an sie erfüllt uns mit freudiger Dankbarkeit.

UNERKLÄRLICHES ERLEBNIS

Lu Timmermans war mein Freund. In der Zeit unserer Studien in Bonn verbrachten wir zusammen wunderbare Stunden mit tiefschürfenden Gesprächen — mit Gesprächen, wie sie nur junge Menschen mit Begeisterung und Hartnäckigkeit führen können, Tage und Nächte hindurch, bei einem Glase Wein, nicht achtend der Müdigkeit. Man konnte nicht tief genug in die Geheimnisse der Natur, der Religionen, der Weltanschauungen eindringen.

Lu verreiste nach Brüssel, um seinen Vater, den bekannten Komponisten, und seinen Verwandten, den Schriftsteller Felix Timmermans, zu besuchen. Ich brachte ihn selbst an den Zug. Einige Tage später überquerte ich die Remigiusstraße. Ich muß bekennen, daß ich nie sehr sorgsam über die Straße ging, wie es sich für wohlerzogene Bürger gehört. Ich schaute mich also auch diesmal nicht um, ob ein Auto herannahe. Ich hatte meinen Fuß schon auf die Straße gesetzt. Da sehe ich auf der anderen Straßenseite meinen Freund Lu, wie er mir heftig und mit allen Zeichen des Entsetzens abwinkt. Ich stutze und trete wieder auf den Bürgersteig zurück. Im gleichen Augenblick saust ein Auto an mir vorbei, das mich unweigerlich überfahren hätte. Ich holte tief Atem, um mich von dem Schreck zu erholen, und will dann Lu für die Errettung danken. „Wie seltsam", dachte ich, „er ist doch in Brüssel!" Ich suchte ihn und konnte ihn nicht finden. Ich hatte ihn aber leiblich gesehen. Ich rief bei seiner Mutter an. „Sie haben ihn doch selbst zur Bahn gebracht!", meinte sie etwas verärgert.

Einige Tage später schrieb mir Lu: „Ich hoffe, daß du gesund bist und dir nichts zugestoßen ist. Am Montag saß ich in meinem Zimmer und las, da wurde ich ganz unvermittelt und ohne jeden Anlaß, ich hatte gar nicht an dich gedacht, von einer Angst um dich ergriffen und von einem Gefühl, ich müßte dich beschützen. Dieser Zustand dauerte nur einige Sekunden, dann wich die Angst von mir. Bitte schreib mir, ob du gesund bist."

SPÄTE BOTSCHAFT VON ALJOSCHA GALITZIN

Meine Mutter lebte in Berlin und war dort Mittelpunkt und Trost vieler russischer Emigranten. Vor allem waren es, wie früher in Girejewo, viele Künstler, die zu ihr kamen. Ich fuhr in den Ferien zu ihr, freute mich unter meinen Landsleuten zu sein, in den russischen Restaurants vertraute Speisen meiner Heimat zu essen, russischen Gesang und Musik zu hören. Ich bemühte mich auch, etwas von den Schicksalen einiger besonders lieber und naher Verwandter zu erfahren. Am meisten lag mir das Schicksal meines Verwandten und Jugendgespielen Aljoscha Galitzin am Herzen. Seine Eltern waren auf Schloß Galitzino ermordet worden. Er hatte sich mit seinem alten Diener nach Moskau durchgeschlagen und einige Tage bei uns im sogenannten „Idiotenkäfig" gewohnt. Dann war er weggegangen. Irgendjemand behauptete später, es sei ihm gelungen, aus Rußland zu fliehen, und er sei in der Fremdenlegion gelandet. Aber es schwirrten viele unkontrollierbare Gerüchte um Menschenschicksale herum. An meiner Brust trug ich sein goldenes Taufkreuz. Wenn Menschen in Rußland sich verbrüderten — sich also als nächste Menschen, näher noch als Freunde, als Brüder erklärten —, pflegten sie ihre Taufkreuze zu tauschen.

In Bonn lebte eine entfernte Tante, Irina Salesska, mit der ich oft spazieren ging. Wegen meiner unbeschreiblichen Naivität und Lebensfremdheit wurde ich von dieser energischen Tante und von meinen Kommilitonen naturgemäß oft geneckt und ausgelacht. Ich wußte nicht, wo man Streichhölzer kauft, und sie schickte mich zum Fleischer oder zum Frisör, und immer gab es Gelegenheiten, sich über mich lustig zu machen. So fragte ich sie auf einem Spaziergang über die Felder, was für komische Früchte da aus der Erde wüchsen. (Es waren Kohlrüben.) „Weißt du das wirklich nicht? Das sind Ananas", meinte sie. — „Werden sie denn hier in diesem Klima reif?" — „Nein, das nicht, man verwendet sie als Viehfutter." — „Das ist doch wieder typisch deutsch, gibt es denn nichts anderes für das Vieh als Ananas?" Auf unerklärliche Weise machte dieses Gespräch die Runde unter meinen Bekannten, und jeder, der mich traf, fragte mich, ob ich schon von den Ananas gekostet hätte. Natürlich erfuhr ich erst viel später, daß ich, wie so oft, einer Mystifikation zum Opfer gefallen war.

Eines Tages reichte mir Tante Irina einen Ausschnitt aus einer russischen Zeitung. Ein Sergeant der Fremdenlegion, ein Russe, suchte Korrespondenz mit einem Landsmann. „Du solltest ihm schreiben, du suchst doch deinen Vetter Aljoscha, wer weiß, vielleicht kannst du ihn auf diese Weise finden!"

Ich schrieb und bekam Antwort. Mein Korrespondent hieß Wassja Knipper, er war durch die Revolution in die Fremdenlegion verschlagen worden und führte ein hartes und entbehrungsreiches Leben in der Sahara. Wir schrieben uns oft, für den fernen Kameraden war das Schreiben ein Bedürfnis, eine Entspannung und die Möglichkeit zu einer Aussprache. Ich fragte ihn natürlich nach Aljoscha, er war ihm nicht begegnet, obwohl es, wie er bestätigte, viele Russen in der Legion gab. Viele waren mit gefälschten Papieren aus Rußland geflohen, um ihren wahren Namen zu verheimlichen, und so lebten sie weiter in der Fremde. Er habe nur einen jungen Russen in seinem Regiment, den er gelegentlich sehe und mit dem er sich in der Heimatsprache unterhalte. Der Junge sei von der heißen Sonne und dem schweren Dienst ganz ausgemergelt.

Eine Weile später schrieb er, der junge Russe sei bei einem Feuergefecht getötet worden. Man habe ihn im heißen Wüstensand begraben. Er habe sein goldenes Kreuz mit Kette von seiner Brust genommen und es aufbewahrt, vielleicht würde sich ein Angehöriger finden. Die Briefe Wassjas klangen immer trauriger und verzweifelter. Die sengende Sonne, das ewige Einerlei des Wüstendaseins, die ständige Gefahr, die Sinnlosigkeit eines solchen Lebens verzehrten seinen Geist und Körper, er sehne den Tod als Erlösung herbei.

Dann kam lange keine Post. Ich war beunruhigt. Eines Tages brachte mir der Postbote einen eingeschriebenen Brief einer Behörde. Ich öffnete ihn. Wassjas Kommandeur berichtete mir von dem Heldentod meines unbekannten Freundes. Er nahm an, daß ich sein einziger Verwandter sei, und sandte mir einige Bilder. Es waren Photos von Wassjas Eltern und ein vergilbter russischer Brief eines Mädchens, ein Liebesbrief. In ein Papier eingewickelt war ein goldenes Kreuz an einer Kette. Auf dem Papier stand mit Wassjas Schrift: „Nachlaß des gefallenen russischen Soldaten." Ich nahm das Kreuz sinnend in die Hand. Dann stutzte ich. Eingraviert waren die Buchstaben meines Namens. Ich betrachtete das Kreuz genauer. Meine Hände zitterten. Ich hielt mein Taufkreuz in den Händen, das ich als Jüngling mit Aljoscha Galitzin ausgetauscht hatte. Es kam zu mir zurück und brachte mir Botschaft von seinem Tode. Ich verneigte mich tief und in Demut vor Gottes unerforschlichen Ratschlüssen und vor seinen wunderbaren Botschaften. Und ich erschauerte vor der Subtilität dieser Botschaften. Tante Irene hatte mir die Annonce Wassjas gebracht und mich aufgefordert, ihm zu schreiben. Sie hatte damit eine Botschaft Gottes übermittelt. Aber wie leicht hätte ich diese Aufforderung aus Faulheit, Bequemlichkeit und Leichtsinn vernachlässigen können, und dann wäre diese Botschaft über die letzten Stunden und den Tod Aljoschas nie zu mir gelangt!

DAS AMULETT

Als einzige Erinnerung an die Eremitage besaß ich ein uraltes Kupferkreuz und ein ägyptisches Fruchtbarkeitsamulett. Beide Gegenstände stammten aus dem Besitz meines Urahnen Iwan Petrowitsch Tschelistscheff und waren mir sehr teuer.

Eines Tages besuchte mich in meiner Bonner Studentenbude meine alte Freundin Käthe Wolf Gumpoldt. Sie war begeistert beim Anblick des ägyptischen Amuletts und bat mich, es ihr zu schenken. Ich mußte ihr diesen Wunsch verweigern, weil es eines der wenigen Stücke aus meiner Familie war. Sie wollte mehr von der Herkunft und von der Symbolik dieses Amuletts wissen. Es war eine Komposition aus dem Auge des Sonnengottes Ra, aus der weiblichen Brust und dem Phallus.

Gegen Abend fuhren wir zusammen mit dem Zug nach Köln. Wir ließen uns von der gewaltigen Größe des Doms beeindrucken. Dann umfing uns die mystische Stimmung in der romanischen Kirche Maria im Kapitol. Wir schlenderten durch die alten engen Gassen. In der Goldschmiedegasse betrachteten wir die Fenster der vielen Antiquitätengeschäfte. Ein kleiner schmuddeliger Laden zog meine besondere Aufmerksamkeit auf sich. Eigentlich waren nur uninteressante Dinge und viele Münzen ausgestellt. Aber eine unheimliche Kraft zog mich in jenen Laden.

„Was willst du", sagte Käthe, „es ist schon zu spät und der Laden ist geschlossen." — „Ich möchte aber trotzdem hinein!", meinte ich beharrlich. Ein alter Mann stand in der Nähe. In kölnischer Mundart sagte er: „Wenn Sie wollen, ich mach Ihnen auf, Sie können hineingehen." Er öffnete mit einem großen Schlüssel umständlich die Tür. Es war im Laden schon recht dunkel. Käthe ging widerstrebend mit. „Was willst du hier bloß?" — „Was kann ich Ihnen zeigen?", fragte der Mann. „Ich suche ein ägyptisches Amulett", sagte ich. — „So etwas haben wir nicht, wir sind mehr auf römische und alte Münzen spezialisiert." — „Dann zeigen Sie uns doch bitte einige davon." Käthe wurde ungeduldig und drängte, wir würden den Zug verpassen. Der alte Mann holte eine Schale hervor, in der wahllos Münzen lagen. Ich ließ sie durch meine Finger gleiten und stieß am Boden der Schale auf einen Gegenstand, der keine Münze sein konnte. Ich begann vor Aufregung zu zittern. Meine Finger ertasteten ein ägyptisches Fruchtbarkeitsamulett. Ich zeigte es verstohlen meiner Freundin. Sie stieß vor Überraschung einen Schrei aus, ich trat ihr auf den Fuß. Ich fragte den alten Mann, was das wohl sein könnte. Er hielt es nahe vor seine altersschwachen Augen, schüttelte ratlos den Kopf und meinte: „Ich kann das nicht sagen, ich weiß auch nicht, wann ich es erworben habe, das wird sich wohl zwischen anderen Dingen hier eingeschmuggelt haben. Es scheint mir ein Schwanz von einem zerbrochenen Fisch aus gebranntem Ton zu sein." — „Dann ist es sicherlich ganz wertlos?", fragte ich unbeteiligt. — „Ja, sicher, wo es doch nur ein Bruchstück ist", meinte der alte Mann. — „Was wollen Sie dafür haben?" Er schaute das Ding noch einmal abwägend an. „Na, was soll man schon sagen, geben Sie mir fünfzig Pfennig." — Ich gab sie ihm. Wir verließen eilig den Laden. Ich steckte das Amulett in Käthes Hand. „Siehst du, nun hast du es! Das war mein Schutzengel, der dir das schenkte!" — „Vielleicht war es meiner?" — „Nein, ganz bestimmt, es war meiner!" Wir lachten beglückt.

PETER IBBETSON

Zwanzig Jahre und mehr sind seit dem „Tausendjährigen Reich"
vergangen — Jahre der Entbehrungen, des Hungers, der Arbeit, eines
unerhörten wirtschaftlichen Aufschwungs und des Aufbaus der De-
mokratie. Die dreizehn Jahre des Tausendjährigen Reichs dauerten
für mich und alle die, welche sich dieser Weltanschauung widersetz-
ten, wirklich tausend Jahre — nachträglich noch habe ich rückblik-
kend das Empfinden einer Unendlichkeit in der Hölle.

Meine Mutter Jadwiga erlebte glücklicherweise den Anbruch der
Unmenschlichkeit nicht mehr, sie starb in Berlin 1934, unter der
liebevollen Pflege meiner Schwester Wera und ihres Mannes Alfred.
Ihr Leben lang war sie offen gewesen für den Tod, sie liebte ihn, wie
sie das Leben liebte. Aber sie hatte eine bewundernswerte Lebens-
kraft. Sie erkrankte an Leberkrebs, hatte Wasser im Leib und schlimme Schmerzen, die sie vor uns zu verbergen suchte. Sie lag bei Professor von Bergmann in der Klinik. Als ich ihn fragte, wie lange es
noch dauern könnte, meinte er, höchstens drei Wochen. Da beschlossen
Wera und ich, Mutter aus der Klinik herauszunehmen, damit sie im
Kreis ihrer Familie, zu Hause sterbe. Danach lebte sie noch volle drei
Jahre, besuchte mich mehrmals in Bonn, war sprühend von Lebensfreude und Unternehmungsgeist, bis zuletzt. Die tödliche Krankheit
währte nur wenige Tage, sie litt und starb ohne Klage in wunderbarer heiterer Haltung, immer in Gedanken an andere.

In jener Zeit erregte mich ein Film, der nach dem Roman „Peter
Ibbetson" gedreht worden war. Ich sah ihn mehrmals an zusammen
mit meinem Freunde und Kollegen Dr. Boysie Hach. Der Film schildert die Geschichte einer Kinderfreundschaft zwischen einem Knaben
und einem Mädchen, die sich später aus den Augen verloren und als
Erwachsene sich wiedertrafen, ohne sich zunächst zu erkennen. Die
Frau war bereits verheiratet. Die alte Liebe flammte wieder auf.

Der junge Mann wurde, schuldig oder unschuldig, in eine Tot-
schlagsaffäre verwickelt und zu lebenslänglichem Zuchthaus verur-
teilt. Er lebte das fade, reizlose Leben des Zuchthäuslers. Aber dann
träumte er jede Nacht von Begegnungen mit seiner heimlichen Geliebten und erlebte ein Dasein in herrlichster Fülle, mit Theaterbesu-
chen, Geselligkeit und wunderbaren ernsten Gesprächen. So lebte er

einerseits das Leben des depravierten Zuchthäuslers, und in seinen Träumen wurde ihm alles Glück dieser Erde zuteil.

Einige Zeit später wurde ich von den Nazis verhaftet, ins Gefängnis und dann ins Konzentrationslager gebracht. Das Schicksal traf mich nicht unvorbereitet. Freunde hatten mir geraten, Deutschland zu verlassen. Ein Polizeibeamter, der Patient von mir war, warnte mich, er kannte sogar den Termin der Verhaftung. Er war ungehalten, daß ich seinen Rat nicht befolgen wollte. Ich kann nicht sagen, was es war, das mich von einer Flucht oder Emigration abhielt. Vielleicht ein zu starker Glaube; ich war den Gewehrsalven und dem Kerker der Bolschewisten entronnen, vielleicht glaubte ich, beschützt zu sein. Vielleicht war es der russische Fatalismus oder das Leidensbedürfnis des Russen, jenes Offensein für das Schicksal, das gute wie das bittere. Wissend blieb ich da und wartete. Ich machte mir auch keine Illusionen hinsichtlich der Schrecknisse der Nazi-KZ's, waren doch bereits viele meiner Freunde dort umgekommen. Vielleicht war es auch die Bereitschaft, durch alles hindurchzugehen, was das Schicksal mir auferlegen würde, ohne auszuweichen, oder gar das innere Wissen darum, daß, wenn man ausweicht, es einen auch am äußersten Ende der Welt erreichen werde. Ich blieb, und es geschah, was ich erwartet hatte. In all dem Entsetzlichen, Entmenschlichenden war mein ständiges Gebet: immer so viel Kraft und Haltung zu bewahren, daß ich nie und unter gar keinen Umständen einen anderen Menschen verrate oder preisgebe, und daß es mir vergönnt sei, auch an jenem Ort der Schmach und Erniedrigung anderer Menschen eine Hilfe zu sein. Und diese Bitten wurden mir für die Jahre der Gefangenschaft erhört.

Inmitten der Hölle, des Hungers, des Frierens, einer weit über die Kräfte gehenden Arbeit, der Beleidigungen, der Mißhandlungen bildeten wir eine Gruppe von Gesinnungsgenossen, eine feste Kameradschaft, und wir erzwangen uns sogar die Achtung der entmenschten Wächter.

Aber auch eine andere Gnade wurde mir all diese Jahre zuteil. Es bleibt sich gleich, wie man dieses Phänomen erklären mag, ob tiefenpsychologisch, ob als Reizung des Gehirns durch Hunger und Blutzuckermangel, oder als Einwirkung göttlicher Kräfte. Mein Buch handelt von diesem Einstrahlen Gottes und seiner Boten in unser Sein, und so ist es selbstverständlich, daß ich diese letztere These annehme.

Jede Nacht erschien mir im Traum meine Mutter, und ich lebte mit ihr ein geistiges Leben in wunderbaren Gesprächen, im Lesen herrlicher Bücher, in Begegnungen mit Menschen, Lebenden und längst

Verstorbenen, oder vielleicht gar imaginären. Wir aßen in gepflegten Restaurants. So ging es Nacht für Nacht bis zu meiner Befreiung. Schließlich wurde mir das Wort des chinesischen Weisen Tschuang-Dse zur Wirklichkeit: „Ich träumte nachts, ich sei ein schöner Schmetterling und flöge von Blume zu Blume. Ich wurde wach; nun weiß ich nicht mehr, bin ich ein Mensch, der träumt, er sei ein Schmetterling, oder bin ich vielleicht ein Schmetterling, der träumt, er sei ein Mensch?"

Die Wirklichkeit der Nächte in ihrer Freude und Heiterkeit, in ihrer Wärme und Sattheit war mir eine weit größere Wirklichkeit als das gespenstische und alle menschlichen Voraussetzungen entbehrende Leben im KZ. Natürlich war ich abgemagert bis zum Skelett und hatte geschwollene Beine und einen aufgedunsenen Bauch wie wir alle. Aber ich wurde nie vom Hunger gepeinigt und erniedrigte mich nie so weit, unappetitliche oder verdorbene Nahrung zu verzehren.

Dieses Doppelleben hörte erst auf, als ich das KZ verlassen hatte. Aber ich weiß ganz genau, ich verdanke das Überleben nicht meiner eigenen Kraft und Standhaftigkeit, denn viele meiner Freunde und Kameraden starben an Entkräftung oder wurden totgeschlagen oder auf der Flucht erschossen, sondern dem Einwirken meiner Mutter Jadwiga.

SVEN HEDIN

Noch eines Menschen sei hier gedacht, dem ich das Überleben verdanke. Mit dem großen Asienforscher Sven Hedin, seiner Schwester Alma und seinem Pflegesohn Dr. Gösta Montell verband mich eine tiefe Freundschaft. Die Bekanntschaft mit Hedin stammte noch aus Rußland. Er besuchte uns, wenn er durch Moskau kam. Später traf ich ihn jedesmal, wenn er in Deutschland war.

Er erfuhr durch gemeinsame Freunde von meinem Schicksal. Er schrieb an die SS-Führung und bat um meine Entlassung. Das taten auch mehr als tausend meiner Patienten und viele andere einflußreiche Freunde, die großartige „Mutter von Landsberg" Prinzessin Elisabeth Helene zu Isenburg und Frau Staatsrat Elsa Essberger. Alles war umsonst. Aber Hedin bekam die Erlaubnis, mir zu schreiben.

Alle an die Gefangenen adressierten Briefe unterlagen natürlich der Zensur. Eine große Aufregung entstand im Lager, als ein Brief Hedins an mich mit einem signierten Bild eintraf. Ich wurde zur obersten Lagerleitung bestellt, ausgefragt, wieso, woher, warum. Der Brief und das Bild wurden mir ausgehändigt, auch alle anderen Briefe Hedins oder Fröken Almas, die regelmäßig kamen. Ich hängte das Bild in meinen Spind, es hatte an diesem Ort die Wunderwirkung einer Ikone. Die Wachmänner kamen und wollten das Bild sehen, war doch Sven Hedin damals der Held der Jugend. Von da an geschah mir nie mehr etwas Böses, ich wurde von allen Mißhandlungen und sogar von Grobheiten verschont, und noch mehr, die Wachmänner wagten es fortan nicht mehr, die Insassen unserer Baracke zu schikanieren. Wir wurden beneidet, und man nannte unsere Baracke „das Sanatorium".

So danke ich diesem großen Mann, der Ungeheuerliches an Mut, moralischer Stärke, Standhaftigkeit und Forschung geleistet hat, auch die Errettung im Ort der Hölle. Ich hatte nach meiner Entlassung und nach dem Krieg gottlob noch mehrfach Gelegenheit, ihm für seine Haltung und Tat persönlich zu danken.

CHARLIE RIVELS

Gesegnet sei der Künstler, der durch sein Genie unser Leben verschönert! Die ganz großen Freuden unseres Seins liegen jenseits der Bedürfnisse des Alltags. Wir erleben sie beim Lesen eines guten Buchs, das uns oft ein Freund für das ganze Leben wird. Wieviel schöner noch, wenn es uns von liebender Freundeshand geschenkt wurde oder wenn gar der Autor selbst seinen Namen eingetragen hat. Jedes Kunsterlebnis, sei es Musik oder Schauspielkunst, eine Bilderausstellung, oder seien es gar die technischen Möglichkeiten der Wiedergabe: das Kino, das Fernsehen, das Radio oder der Plattenspieler, sie alle machen unser Dasein reich und farbig, und wir können für diese Segnungen nicht genug danken.

Uns Kinder, und nicht nur die Kinder, faszinierte am meisten der Zirkus, die Wunder der Tierdressur, die Überwindung der Gefahr, die Meisterung des eigenen Körpers. Neben den Heiligen, die wir ehrfürchtig und liebend verehrten, waren es die Dompteure von Löwen, Tigern, Elefanten, Schlangen und Bären, und die Luftakrobaten, die uns Vorbilder waren — wirkliche Vorbilder, die wir unbedenklich neben die Heiligen stellten. Aus kluger Vorsicht wagten wir zwar nicht, von solcher Gegenüberstellung zu unserem Priester oder gar dem Bischof zu sprechen; wir wußten, er würde den Kopf schütteln und uns für unverbesserliche Heiden und Häretiker halten. Aber unsere Meinung ging dahin: wer so weit seine Furcht vor dem wilden Tier oder vor der Lebensgefahr in schwindelnder Höhe überwindet, der muß in einem Winkel seiner Seele ein Heiliger sein.

Mehr als zwanzig Jahre lang erfreute ich mich an den musikalischen Clownerien der Truppe der Rivels. Ich liebte sie und sie waren mir vertraut, ich lachte schon im voraus, wenn ich wußte, welcher Gag zu erwarten sei.

Als ich ihnen in Buenos Aires wieder begegnete, betrachtete ich mich bereits als einen alten Freund der Truppe und wagte es, nach Schluß der Vorstellung sie hinter der Arena aufzusuchen. Sie empfingen mich mit offener Freude und Freundlichkeit. Immer, wenn ich sie nun traf, sei es in Rio de Janeiro, in Santos, in Southampton oder Paris, versäumte ich nicht, ihre Darbietungen zu besuchen und ihnen die Hände zu schütteln.

130

Am 15. 9. 1942 rief mich Fredy Holtkott, der mir in schweren Zeiten als treuer Freund beigestanden hatte, an und teilte mir mit, daß die Rivels in Berlin seien. Inzwischen hatten sich die Brüder Rivels entzweit und Charlie hatte mit seiner Frau und seinen Kindern eine eigene Truppe gegründet. Wir telefonierten miteinander und verabredeten uns nach der Vorstellung im Edenhotel, wo sie wohnten. Ich hatte sie mehr als fünf Jahre nicht gesehen, und die Freude war groß. Die Rivels blieben zwei Wochen in Berlin, und so gab es viele Gelegenheiten sich zu sehen.

Charlie trug einen riesigen Diamantsolitair am kleinen Finger, und er freute sich naiv und von Herzen über seine Erfolge und über seinen Reichtum. Er besaß in der Mittelmeergegend eine große Villa, seine Frau und seine Kinder waren gesund, und er dankte Gott für alle Wohltaten.

Er sprach ein herrliches Gemisch aus allen Sprachen, spanisch, italienisch, französisch, englisch und deutsch. Ich stellte mit Erstaunen fest, daß es das gleiche Sprachkonglomerat war, das er auf der Bühne gebrauchte. „Du sprichst hier genau wie auf der Bühne, ich habe immer gedacht, das sei deine Clownsprache!" Er lachte: „Nein, ich spreche keine Sprache richtig, dazu komme ich zu viel herum, aber nirgendwo bleibe ich lange genug, um eine Sprache richtig zu lernen. Ich glaube, ich kann am besten spanisch, weil es meine Muttersprache ist. Aber ich bin sehr früh als Kind mit dem Zirkus weggekommen, so spreche ich auch spanisch nicht gut." Wir lachten und fanden, daß er sich trotzdem ausgezeichnet auszudrücken vermochte.

Er erzählte aus seinem Leben. Sein Gesichtsausdruck verdüsterte sich, wenn er über die Entzweiung mit seinem Bruder sprach. „Wir waren eine so gute Familie, eine glückliche Familie. Als wir arm waren, hielten wir eng zusammen, der Reichtum hat uns entzweit. Reichtum nur gut, wenn Herz gut. Reichtum macht Herzen hart, und das ist schlecht. Wir waren eine große Familie. Papa, Mama, wir Brüder, und alle Akrobaten, immer im Wohnwagen mit elenden Pferden unterwegs, überall wo Jahrmarkt oder Kirchweih war. Dazwischen übten wir immer sehr hart, den ganzen Tag, abends schmerzten uns die Glieder. Geld war nie da, zuerst mußten die Pferde satt werden, sonst waren wir kaputt, konnten nicht mehr umherziehen. Die Menschen kamen zuletzt. Wir hatten oft Hunger, an manchen Tagen kein Stück Brot.

Aber Papa sagte immer: »Betet, Gott wird euch nie verlassen, vielleicht müßt ihr etwas hungern, ihr werdet aber nie ganz verhungern, er wird schon etwas schicken, er liebt die Armen.« Jeder von uns hatte seine kleine Schublade in einem Kommödchen im Wohnwagen, dort hatten wir unsere Habseligkeiten. An manchem Abend gingen wir mit Magengrimmen zu Bett, weil wir nichts zu essen hatten. Dann beteten wir noch inbrünstiger. Es geschah, wenn die Not am aussichtslosesten schien, daß wir die Schublade öffneten und wir darin an sichtbarer Stelle ein Stück Brot fanden. Manchmal war es trocken, aber es schmeckte uns wie Himmelsspeise. Wir fragten uns gegenseitig, wer wohl das Stück hineingelegt habe. Niemand war es. Und Papa sagte: »Könnt ihr euch nicht vorstellen, daß Gott, der um euren Hunger weiß, euch ein Stückchen Brot sendet, hat er doch den Propheten Elias durch einen Raben ernähren lassen.« Aber unser Vater wurde immer magerer. Wir glaubten, daß Gott selbst uns das Brot in den Kasten gelegt habe, und das gab uns große Kraft, Kraft des Glaubens, Freude, daß Gott an uns kleine, elende Akrobaten dachte, und unser Eifer im Üben wurde noch größer. Manchmal schenkte uns irgendjemand einen Leckerbissen oder etwas Geld. Wir freuten uns darüber, aber wir legten in den Kasten von Mama, Papa und den Brüdern heimlich etwas davon hinein. Es sollte von Gott sein. Und sie staunten. Es war ein wunderbares, geheimes Spiel, und ich glaube, wir alle behielten den Glauben, daß es Gott sei, der die Sachen in die Schublade legte. Es war auch seine Hand, die uns führte.

Und allmählich kam der Segen über uns. Agenten sahen unsere Vorstellungen auf den Dörfern und engagierten uns für Varietés, und so stiegen wir immer höher und höher in Ansehen und Ruhm und Reichtum. Und dann kam der Bruch mit dem Bruder. Das war sehr, sehr bitter, und ich erinnerte ihn daran, daß Gott uns immer Brot in den Kasten gelegt habe. Er weinte und winkte ab. »Ach was, das waren doch Papa und Mama und wir beide.« Da drang ich nicht weiter in ihn. Für mich war es Gott, das ließ ich mir nicht nehmen.“

Ich war von dieser seiner Erfahrung mit Gott zutiefst ergriffen. In der Familie Rivels war es üblich, daß jeder seinen Lebensunterhalt selbst bezahlte. Der Verdienst wurde unter den Mitgliedern geteilt, damit nicht einer von ihnen sich benachteiligt fühle und jeder es lerne, mit Geld zu wirtschaften und dafür die Verantwortung zu tragen. Eines Abends bestellten sich die beiden älteren Buben ein äußerst bescheidenes und dürftiges Essen, obwohl sie sonst den Freuden der Tafel durchaus nicht abgeneigt waren. Ich staunte. Mama Rivels zwinkerte mir mit den Augen zu. Ich dachte, sie hätten irgendeine Nichtsnutzigkeit begangen.

„Sie haben heut gesehen, wie ein Junge, der sehr abgerissen war, sehnsüchtig in einer Kleiderauslage auf einen Anzug schaute, und da haben sie ihn in das Geschäft mitgenommen und ihm von ihrem Geld den Anzug gekauft. Nun reicht das Geld fürs Essen nicht."

Ich wollte schon sagen: „Warum bezahlt ihr denn nicht das Essen für sie?" Aber ich sagte es nicht und blieb still und lud sie auch nicht selbst zum Essen ein. Ein Opfer sollte in aller Würde auch ein Opfer bleiben.

Viele Jahre sind seither vergangen, ich weiß nicht, wo die Rivels geblieben sind und ob sie noch leben, aber das werde ich nie vergessen, wie Gott mit ihnen umging.

DER TARTARE

Meine Schwester Wera wohnte mit ihrem Mann Alfred und ihrer Tochter Klein Wera in Wilmersdorf. Es war Krieg. Eines Tages ging sie mit Alfred auf den Markt. Dort stand vor einem winzigen Wägelchen mit billigem und nicht sehr frischem Gemüse ein riesiger Mann mit großer Pelzmütze, er hatte ein gutmütiges flaches Gesicht und Schlitzaugen. Wera ließ Alfred stehen und rannte zu dem Mann hin. Sie sprach ihn auf russisch an. Er lachte breit. Es war ein russischer Tartare, der im ersten Weltkrieg nach Deutschland gekommen war. Er hatte damals den Krieg einfach satt, lief zum Feind über, indem er mit einem Taschentuch winkte, und fragte: „Gde tut plen?" (Wo ist hier die Gefangenschaft?). Wera war beglückt, einem Landsmann zu begegnen. Fortan kaufte sie ihr Gemüse bei ihm. Er wohnte allein in einem kleinen Mansardenzimmerchen. Eines Tages lud er Wera und Alfred und Klein Wera zu sich ein und bot ihnen Tee und Kohlpiroschki an. Das war in jener Zeit eine Seltenheit. Sie erzählten sich von alten Zeiten und vergaßen die Gegenwart. Da ertönte die Alarmsirene. Sie gingen in den Luftschutzkeller. Der Tartare ging ungern hinunter, die Leute beargwöhnten ihn, niemand sprach ein freundliches Wort zu ihm. Diesmal kam er mit Wera und Alfred und dem Kind, die Anwesenden schauten sie neugierig und unfreundlich an. Man hörte jemanden sagen: „Was schleppt denn der für Leute in den Luftschutzkeller, die gehören doch nicht her."

Der furchtbare Lärm der Luftminen wurde immer bedrohlicher, die Erde bebte, einige Leute schrien vor Angst. Da gab es einen ohrenbetäubenden Lärm. Das Haus war offenbar getroffen worden, Mörtel fiel von den Wänden, große Risse klafften an den Decken. Der Türrahmen hing schief. Zuerst konnte man vor lauter Staub nichts sehen. Der Tartare versuchte ins Freie zu gelangen, er kam schwarz im Gesicht wieder: „Ganz kaputt, Haus pfff..." und er machte die Geste des Verwehens. „Alle vorsichtig, Decke fällt. Ich halten Tür!" Er stemmte sich mit seinen mächtigen Schultern gegen den herabfallenden Türrahmen und forderte die Leute auf, den Keller ohne Drängen zu verlassen. Wera, ihr Mann und das Kind winkten ihm zu, Wera dankte ihm auf russisch. Sie hatten einen kleinen Weg durch brennende Straßen zurückzulegen, heftiger Wind wehte ihnen glühende Asche ins Gesicht. Sie dankten Gott, sie waren, zum wievielten Male in diesem schrecklichen Krieg, gerettet!

Am nächsten Tag ging Wera zu dem Haus des Tartaren. Es war in sich zusammengefallen und ausgebrannt. Die ehemaligen Bewohner standen ratlos herum. Wera fragte nach dem Tartaren. Niemand wußte von ihm. Er war wie vom Erdboden verschwunden. Niemand hatte nach ihm gefragt, niemand hatte versucht, ihm für die Rettung zu danken. Viel später, als man das Haus abtrug, fand man seine Leiche unter den Trümmern.

HANS JÜRGEN EGGERT

Der Dichter und Maler Hans Jürgen Eggert ist mit dreißig Jahren in den allerletzten Tagen des Krieges verschollen. Am 20. April 1945 ging er früh morgens aus seinem Behelfsheim in Berlin-Schulzendorf, um in die Kaserne in Döberitz zu gelangen. Es war ein Gang ohne Wiederkehr. Seine Spur verläuft im Dunkeln. Niemals kam ein Mensch, um zu berichten, daß er Hans Jürgen Eggert begegnet sei. Nie kam auch eine Bestätigung seines Todes . . .

In einer Zeit, da die Nationalsozialisten die moderne Kunst für entartet erklärten, Bilder der großen Expressionisten aus den Museen ausmerzten und den Malern das Malen verbaten — Karl Schmidt Rottluff, Max Pechstein, Erich Heckel berichteten, daß die Schergen unvermutet in ihre Ateliers eindrangen und kontrollierten, ob die Malpinsel feucht seien —, studierte Hans Jürgen Eggert an der Kunsthochschule. Seine ganze Sehnsucht bestand darin, Bilder von August Macke, von Franz Marc, von Kandinski, von Chagall zu sehen. Aber diese Sehnsucht war unerfüllbar.

Er war Soldat, krank vom Krieg, einsam und traurig, fern den lärmenden Kameraden — mitten unter diesen geschäftigen und siegestrunkenen Menschen wie ein Mann auf dem Mond. Eines Abends saß er beim Glase Wein bei Habel, allein, er dichtete. An anderen Tischen saßen Gruppen von SS-Männern, sie tranken und grölten.

Zwei Damen betraten das Lokal, die ältere war in Trauer. Jürgen konnte seine Augen von dem jungen Mädchen nicht abwenden, sie erschien ihm wie ein überirdisches Wesen. Die beiden mußten sich an den Tischen, an denen die SS-Männer saßen, hindurchzwängen. Über den Kleiderhaken hing eine Peitsche. Das Mädchen faßte den Gegenstand mit sichtlichem Ekel an und ließ ihn fallen. Jürgen verfolgte aufmerksam ihre Bewegungen, er begriff, was in ihr vorging. Mutter und Tochter bestellten sich Wein, sie sprachen leise miteinander. Manchmal weinte die Mutter, die Tochter streichelte tröstend ihre Hand.

„Sicherlich ist der Bruder des Mädchens gefallen", dachte Jürgen. Sein erster Impuls war, zu ihnen zu gehen, um ihnen etwas Tröstliches zu sagen. Aber er war viel zu schüchtern, um diesen Impuls in die Tat umzusetzen. Er spürte, daß sie über ihn sprachen. Es war, als ob unsichtbare Fäden zwischen ihnen hin und her gingen.

Lisbeth Macke Erdmann, die Witwe des Malers August Macke und Lothar Erdmanns, erzählte mir später von jener Begegnung. Ihr zweiter Mann Lothar Erdmann wurde im KZ Sachsenhausen zu Tode gemartert. Unter strengster SS-Bewachung durfte sie an seiner Beerdigung teilnehmen. Eines Tages entschloß sie sich, in eine NS-Dienststelle zu gehen, um die näheren Umstände des Todes ihres Mannes zu erfahren. Ein Beamter herrschte sie an: „Ist er erschossen worden?" Lisbeth Erdmann weinte. „Ich weiß es doch nicht, ich wollte es von Ihnen erfahren, Sie können mir doch gewiß etwas darüber sagen!" Der Mann brüllte sie an und wies sie aus dem Zimmer. Auf der Straße lehnte sie sich an einen Mauervorsprung und weinte. Menschen gingen vorbei, verlangsamten den Schritt, gingen dann schneller weiter. Was sollten sie ihr als Trost sagen, was sollte sie ihnen antworten? Sie war die Witwe eines Staatsfeindes. Am Abend kam ihre Tochter Constanze heim. Die beiden Frauen ertrugen es nicht, in den Räumen zu bleiben, in denen sie noch vor einigen Wochen mit Lothar Erdmann zusammen gelebt hatten. Constanze lud ihre Mutter zu einem Glas Wein bei Habel ein.

Sie sahen die SS-Männer und erschauerten. Diese oder andere hatten Lothar Erdmann zu Tode gequält. Sie suchten einen möglichst entfernten Tisch. Im Hintergrund des Raums sahen sie einen jungen Soldaten, der den Kopf gesenkt hielt und schrieb. Lisbeth sagte: „Das ist der einzige Mensch, der hier ist." Sie fühlten sich zu dem jungen Mann hingezogen. Man mißtraute in jener Zeit jedem, aber sie spürten gleich — das war einer von gleicher Gesinnung.

Als Lisbeth die Rechnung bezahlte, ging Constanze auf Jürgen zu und sagte leise: „Ich möchte Ihnen danken, Sie haben uns sehr geholfen!" Dann ging sie. Jürgen war verdutzt. Was war ihm geschehen: jenes engelgleiche Mädchen war auf ihn zugekommen und hatte ihn angesprochen. Er zahlte hastig und ging hinaus, er holte Lisbeth und Constanze ein, stellte sich ihnen vor und bat, sie begleiten zu dürfen. Er staunte über seinen eigenen Mut. Sie wohnten nicht weit weg, in Tempelhof. Lisbeth bat Jürgen, ins Haus hereinzukommen.

Wenn sich der Berg Sesam mit all seinen Wundern und Juwelen vor ihm geöffnet hätte, hätte es keine größere Überraschung für Jürgen geben können. Jenes Haus war bis zum Dach angefüllt mit Gemälden von August Macke und von anderen großen Expressionisten. Ein langer schmerzlicher Traum, diese Kunst zu erleben, wurde für

Jürgen plötzlich Wirklichkeit, und das schöne Mädchen, das ihn in einem verrußten Lokal angesprochen hatte, war die Fee, die ihn in das Reich seiner Träume führte.

Diese Begegnung wurde zu einer Wende in seinem Leben. Hier im Hause von Lisbeth Macke, die ihn wie einen Sohn aufnahm, begegnete er großen Malern, Dichtern und Philosophen. Zum ersten Mal in seinem jungen Leben wußte er, daß er ein Heim gefunden hatte.

Constanze wurde für die wenigen Jahre der Bedrängnis, aber auch der unerhört intensiven schöpferischen Tätigkeit und des Glücks seine Frau.

ERRETTUNG

Am 21. April 1945 erschienen russische Soldaten in Schulzendorf. Damit war der Krieg für uns zu Ende. In der Ferne hörten wir Artilleriefeuer, also wurde in Berlin noch gekämpft. Die Menschen waren verängstigt, sie hatten ihre Kostbarkeiten in den Gärten vergraben, die Mädchen, die sich sonst bemühen, hübsch auszusehen, versteckten sich in Kellern und Speichern und malten sich das Gesicht mit Asche an, um möglichst alt, häßlich und ungepflegt auszusehen. Viele Frauen wurden belästigt. Die Menschen rückten in der Not und Angst näher zusammen. Meine spätere Frau, die Bildhauerin und Pianistin Dolina Gräfin von Roedern, die Haus an Haus mit mir wohnte, und ich, beschlossen, alle Frauen über Nacht in meinem selbstgebauten Bugalow aufzunehmen, um sie vor Belästigungen zu schützen. Etwa vierzig Frauen schliefen bei mir auf dem Fußboden. Es gab kein elektrisches Licht, kein Telefon, kein Radio. Kleine Kerzenstümpfe erleuchteten spärlich den Raum. Dolina, unser Nachbar und Freund Hans Gruhmann und ich saßen in ihrem Haus. Da wurde mitten in der Nacht heftig an unserer Tür geklopft. Zwei Soldaten traten ein und fragten, wo die Frauen seien. Ich teilte ihnen auf russisch mit, daß ich sie bei mir aufgenommen hätte.

Die Soldaten forderten Hans Gruhmann und mich auf, ihnen zu folgen. Dolina fragte verängstigt, was mit uns geschehe und wohin man uns bringe. Die Soldaten erklärten ihr, wir seien verhaftet. Man brachte uns einige hundert Meter weit in eine Villa, in der sich die Kommandantur befand. Wir wurden vor einen Major gebracht. Er und andere saßen vor einem großen Tisch, der mit rotem Tuch ausgelegt war. Hinter ihm hing die rote mit Hammer und Sichel geschmückte Fahne.

Er fragte mich, warum ich die Frauen in meinem Haus zusammengetrieben hätte. Ich antwortete, es geschähe zu deren Sicherheit, ich wollte vermeiden, daß sie belästigt würden. Der Major pfiff durch die Zähne. „Also so ist es, da sind russisch sprechende Werwölfe, die sich russische Uniformen anziehen und Frauen vergewaltigen, um die sowjetische Armee zu diskreditieren!" Ich staunte über seine Findigkeit. „Abführen! Das weitere wird sich zeigen!", brüllte er. Wir wurden, von zwei Soldaten flankiert, in ein kleines Zimmer im oberen Stock geführt. Die Tür hinter uns wurde geschlossen. Wir hörten, wie jemand auf dem Gang hin und her marschierte. Unten wurde gesungen und gegrölt.

Hans und ich setzten uns auf den Boden. „Weißt du, was das bedeutet?", fragte ich. — „Gewiß, wir werden entweder morgen erschossen oder in Gefangenschaft verschleppt." — „Das könnte ihnen so passen!" — Ich hatte damals die Gewohnheit, in meiner Rocktasche eine Ampulle zu tragen, in der sich Zyankali befand. Für alle Fälle. Ich war nicht gewillt, ein zweites Mal Gast in den Nazi-KZ zu sein. Hans Gruhmann, der ein ebenso scharfer Nazigegner war, hatte von mir eine gleiche Ampulle bekommen. Unsere kleine Kolonie bestand aus kompromißlosen Gegnern des Regimes. Der Vater von Koschi Eggert-Erdmann und dem Komponisten Dietrich Erdmann, die uns gegenüber wohnten, war im KZ Sachsenhausen zu Tode gefoltert und aufgehängt worden. Ich griff in meine Tasche, die Ampulle war nicht darin. Ich hatte ja noch eine Hausjacke an. Ich wurde blaß. „Hans, ich habe meine Ampulle nicht bei mir! Hast du deine?" Er suchte in seiner Tasche. Auch er hatte einen anderen Rock an. „So, nun sind wir ihnen preisgegeben, solch eine Schweinerei! Immer trage ich das Ding bei mir, und jetzt, da wir es brauchen, haben wir es nicht dabei!" Unsere Herzen waren schwer. „Also müssen wir das Schicksal walten lassen. Die Nazis hätten wir überstanden, nun das noch!"

Wir legten uns auf den harten Boden und schwiegen. Ich betete vor mich hin und empfahl Gott meine Seele. Leben und Tod wurden bei der Furchtbarkeit des Krieges, der Verschleppungen, der Mißhandlungen kaum noch als Drama empfunden, sie gehörten zum Alltag. Zu Hause in Rußland, bei der Gefangennahme durch die Bolschewiken, hatte ich noch gebetet, Gott möge mir die rechte Haltung verleihen. Davon sprach ich jetzt nicht mehr — Haltung hatten sie alle, die Gemarterten des 20. Juli, die Juden, die Polen, die KZler. Allein das Bewußtsein, gegen die staatlich bestellten Mörder moralisch im Recht zu sein, gab einem ganz selbstverständlich Haltung.

Das Grölen hörte auf, auch hörten wir die Schritte vor der Tür nicht mehr. Wir schliefen schließlich ein.

Dolina verbrachte eine angstvolle Nacht, sie wußte, was die Verhaftung bedeutete, und machte sich keine Illusionen. Als es dämmerte, beschloß sie einen Rettungsversuch zu wagen. Sie packte ihre restlichen Juwelen zusammen und ging zur Kommandantur. Vor dem Tor stand ein Soldat Wache. Sie fragte ihn, wo Semjonow, der Soldat, der uns verhaftet hatte, sei. Der Soldat zeigte mit der Hand nach oben. Das Haus war menschenleer. Dolina stieg die Treppe hinauf. Sie öffnete eine Tür, dort schliefen einige Soldaten in ihren Uniformen. Sie schloß die Tür wieder und ging zur nächsten. Diese Tür war verschlossen, aber der Schlüssel steckte im Schlüsselloch. Sie öffnete sie und sah uns auf dem Boden liegen.

Wir hörten das Geräusch des Öffnens und erwachten. Im Türrahmen stand eine Gestalt, es war kein Soldat. In der Dämmerung erkannten wir Dolina. „Steht schnell auf und folgt mir, es ist niemand da, sie schlafen alle! Macht schnell!" Wir konnten gar nicht so rasch zu uns kommen, dann fiel uns ein, daß wir ja Gefangene seien, die auf ihre Erschießung warteten. Wir sprangen auf und folgten Dolina auf den Zehenspitzen. Sie ging voraus. Der Wachsoldat war nicht zu sehen. Wir gingen schweigend zu unseren Häusern. Es war keine Zeit, um gerührt zu danken. Ich dachte unterwegs an die Befreiung des Apostels Petrus aus dem Gefängnis; auch er dankte damals nicht, nicht ahnend, daß es ein Engel war, der ihn befreite.

Zu Hause angelangt, bereitete uns Dolina einen kargen Imbiß von trockenem Brot und dünnem Tee. Wir saßen schweigend beieinander, wortkarg, noch benommen von dem Erlebnis der Errettung. Dolina erzählte, wie sie, nachdem sie ihr Gehirn zermartert hatte, wie sie uns helfen könnte, plötzlich auf die Idee gekommen sei, uns durch ihren Schmuck auszulösen. Sicherlich sei diese Idee irrealistisch gewesen, aber sie hätte das Gefühl gehabt, daß sie irgendetwas tun müsse, daß sie uns nicht tatenlos preisgeben dürfe. — „Wenn du uns nicht gesucht hättest, nicht den Mut gehabt hättest hinaufzugehen, und uns in den Zimmern nicht gefunden hättest, so wären wir nie wiedergekommen, und wenn wir unsere Alltagskittel angehabt hätten, in denen die Ampullen waren, so hätten wir uns vergiftet. Wie seltsam sind doch Gottes Wege! Wenn er uns erretten wollte, konnte er das nicht direkt tun?" — „Er bedient sich der Menschen, zum Bösen wie zum Guten. Er gibt ihnen den Einfall und den Mut, und man fühlt sich geführt. Ihr wißt, ich halte mich nicht für mutig, aber dieses Mal fiel alle Angst von mir ab. Nun seid ihr wieder hier, Gott sei Dank!", sagte Dolina.

Aber mittags erschien der Soldat Semjonow. Er brüllte mich an, wie ich es gewagt hätte, das Gefängnis zu verlassen. Er schrie einfach drauflos, weil ihm die Worte fehlten. Ich war es bisher nicht gewohnt, laut zu sprechen, aber nun brüllte ich ihn meinerseits an, es war, als ob zwei kämpfende Hirsche röhrten. Schließlich war Semjonow vom eigenen Schreien erschöpft, er fand schon lange keine passenden Worte mehr. „Du bleibst hier und verläßt das Haus nicht, wir werden dich später holen, laß dir nicht einfallen zu fliehen, wir finden dich überall!" — und er ging keuchend hinaus. Wir standen da wie vom Blitz getroffen. „Was sollen wir jetzt tun?", fragte ich. — „Du bleibst einfach da, es wird sicher nichts mehr passieren", meinte Dolina. „Wenn man einmal errettet worden ist, dann kann einem einfach nichts mehr geschehen!" — „Wohin sollte ich auch fliehen, man kann sich nicht tagelang oder wochenlang in den Wäldern verbergen. Und dann heißt es bei uns: »ot sudby ne ubeschisch« — dem Schicksal kannst du nicht entfliehen." Also blieben wir. Wir blieben, wir hatten den ganzen Tag Herzklopfen und es gelang uns nicht, etwas Vernünftiges zu tun. Um fünf Uhr nachmittags kam unser Nachbar Joachim Scholz und berichtete aufgeregt, die Truppe sei abgezogen, es sei eine andere Abteilung im Anmarsch. Ich drückte Dolina wortlos und dankbar die Hand. Wir waren gerettet.

DAS AHNENBILD KEHRT HEIM

Im Kabinett des Schlosses von Krasnoje Selo hing ein zwei Meter langer kolorierter Holzschnitt aus dem 16. Jahrhundert, der die Schlacht am Kulikowo Pole am 8. September 1380 darstellte. Es war die erste Schlacht, die die Russen nach fast anderthalbhundert Jahren gegen die Tartaren gewannen. Mein Ahne, Bojar Michail Brenko Tschelo, seines Zeichens Wojewode (Herzog), bewog seinen Vetter, den Großfürsten Dimitri Joannowitsch von Rußland, zu einer List. Er zog die Kleider des Großfürsten an und nahm seine Standarte. So ritt er an der Spitze des Heeres in den Kampf gegen die Tartaren. Natürlich wurde er bald getötet. Die Tartaren frohlockten, den Zaren der Russen getötet zu haben, und glaubten gesiegt zu haben. Dann aber stürmte Großfürst Dimitri Joannowitsch gegen sie und gewann. Der riesige Holzschnitt schildert in naiven Bildern im Stil der Frührenaissance die Vorbereitungen zur Schlacht. Links ist die heilige Stadt: Mütterchen Moskau, etwas weiter das achtzig Kilometer entfernte Sagorsk, das Kloster des Heiligen Sergius, in dem dieser den Großfürsten, meinen Ahn und das ganze russische Heer gesegnet hatte. (Dimitri Joannowitsch und Brenko Tschelo hatten von ihm je ein kleines kupfernes Brustkreuz erhalten, das ich auch noch auf meiner Brust getragen habe.) Dann wird die Szene dargestellt, wie Brenko und Dimitri die Gewänder unter drei alten Eichbäumen wechseln. Ganz links im Bild ist das Lager des „bösartigen und gottlosen Tartarenkaisers Mamai", und in der Mitte entbrennt der tödliche Kampf. Um das Bild herum ist die Chronik dieses Ereignisses in kyrillischer Schrift gedruckt. Da wird erzählt, in welcher Verzweiflung der Zar sich auf die Leiche des Erretters Rußlands, seines geliebten Verwandten und Wojewoden Brenko Tschelo, geworfen und mit welch rührenden Worten er seinen Tod beklagt habe.

Als Junge besah ich hunderte von Malen und mit großer Andacht das Bild und las gerührt die Chronik der Schlacht und natürlich auch die Schilderung des Heldentodes Michail Brenkos. Es war mir immer, als ob ich selber an jenem fernen und großartigen Ereignis teilnähme. In der Kirche von Krasnoje Selo wurde der Bojarenstab, ein in Silber und Juwelen gefaßter, ursprünglich als Tartarenszepter dienender Rosenstock, und ein Siegelring aus Elektrum aufbewahrt, den Brenko in der Schlacht getragen hatte; er hatte ihn von seiner Mutter, der Fürstin Uglitzkaja, Enkelin des Heiligen Boris, Fürsten von Rostow, und Urenkelin des Heiligen Michael, Fürsten von Tschernigow erhalten. Nach diesem Ururgroßvater hatte man Michail Brenko genannt. Als Krasnoje Selo 1918 brannte, gelang es mir noch, aus der brennenden Kirche diese Reliquien zu retten und in die Fremde mitzunehmen.

Dolina und ich waren bei dem Verleger Richard Schikowski zum Abendessen eingeladen. Er erzählte mir beiläufig, daß er eine ganze Anzahl alter russischer Stiche, Holzschnitte und Bücher besitze. Ich interessierte mich natürlich dafür. Er brachte mir eine umfangreiche Mappe und ich blätterte darin. Darunter war ein großer, zusammengefalteter Druck. Wie ich ihn sorgsam entfalte, erkenne ich, daß es der gleiche Druck mit der Darstellung der Schlacht auf dem Kulikowo Feld ist, wie er in Krasnoje Selo hing. Ich wurde blaß und rot vor Aufregung, meine Hände zitterten. Ich hätte nie gedacht, daß ich dieses Blatt je in Deutschland finden würde, denn es war auch in Rußland nur in einigen Museen ausgestellt und sonst kaum vorhanden. Ich fragte Richard Schikowski, ob er es mir verkaufen wolle. Er bejahte und gab es mir für zwanzig Mark. Ich hätte jeden Preis dafür bezahlt, denn dieses Bild bedeutete für mich die Heimat, die Geschichte Rußlands und das wichtigste Ereignis aus der Geschichte meines Geschlechts.

SERGEI JESSENINS WERKE

Ich arbeitete an meinem neuen Buch „Frühvollendete" (Schicksale früh verstorbener Dichter). Ich hatte vor, die Dichtungen von Arthur Rimbaud und Francois Villon auf französisch und deutsch, die von Percy Bysshe Shelley auf englisch und deutsch und die meines Freundes Sergei Jessenin auf russisch und deutsch zu veröffentlichen. Vom französischen Botschafter Roland und seiner Frau Jenny de Margerie erhielt ich die Dichtungen von Villon in altfranzösisch und eine schöne französische Ausgabe von Arthur Rimbaud. Unsere Freunde Alan und Kay Butterworth besorgten mir die gesammelten Werke von Percy Bysshe Shelley und ein Portrait von ihm. Aber nun fehlten mir die gesammelten Werke von Sergei Jessenin. Mehr als zwanzig Jahre lang waren seine Dichtungen in Rußland unter Stalin verboten, tausende von jungen Menschen waren in die Konzentrationslager gewandert, nur weil sie seine Gedichte deklamierten oder durch Abschriften verbreiteten. Erst unter der Ära Chrustschows, im Tauwetter, durften die Gedichte Jessenins wieder veröffentlicht werden, es erschien sogar eine Briefmarke mit ihm. Aber die Auflagen seiner Werke, die in hunderttausend Exemplaren herauskamen, waren auf der Stelle ausverkauft. Die Menschen hüteten sie wie ein kostbares Juwel. In Deutschland konnte ich weder im Buchhandel noch in den Bibliotheken seine gesammelten Dichtungen erhalten. Das Schicksal meines Buches stand auf dem Spiel. Was sollte ich tun?

Da sandte mir der „Zufall" einen Boten. Vor zwanzig Jahren hatte ich bei der Besichtigung des Oberlinhauses in Babelsberg einen jungen Assistenzarzt Fritz Ebel kennengelernt, der davon fasziniert war, einem leibhaftigen Russen zu begegnen. Er liebte die russische Literatur und lernte russisch. Kürzlich traf ich ihn wieder. Er schenkte mir einige wertvolle russische Bücher. Dann lernte er in Ostberlin den berühmten Geiger Mischa Goldstein kennen, mit dem er sich anfreundete. Er erzählte diesem von mir und es entstand zwischen Mischa Goldstein und mir eine lebhafte und typisch russische, herzliche Korrespondenz.

Ich klagte Mischa mein Leid wegen der Gedichte von Jessenin, und er versprach sich zu bemühen, sie in den Buchhandlungen der Sowjetunion zu beschaffen. Aber dann schrieb er, daß alle Bemühungen umsonst gewesen seien, das Buch sei total vergriffen. Dr. Fritz Ebel, der inzwischen perfekt russisch sprach, tröstete mich: „Wenn Mischa etwas anfaßt, dann hat er Erfolg; er verbeißt sich in eine Sache und läßt nicht eher locker, als bis er das Gewünschte bekommen hat." — Für mich war das ein schwacher Trost.

Aber dann rief mich Fritz Ebel triumphierend an. „Ich habe das Buch, ich bringe es dir!" Tatsächlich hatte Mischa bei seinen unzähligen Bekannten brieflich herumgefragt, ob sie nicht die gesammelten Werke Jessenins hätten. Ein Freund in Chabarowsk in Sibirien besaß sie tatsächlich. Er schrieb für sich das ganze Buch ab und sandte dann das Exemplar an Mischa für mich.

Habent sua fata libelli . . . Die Bücher haben ihre Schicksale . . .

Nochmal Mischa Goldstein

Mischa Goldstein berichtete mir, daß er an einem Buch über zeitgenössische russische Komponisten arbeite. Dabei stieß er auf meinen Vater Sascha Tschelistscheff und wollte von mir viele Details über sein Leben wissen. Eine große Zahl von Fragen konnte ich ihm beantworten. Zu meinem Erstaunen sandte er mir den Stammbaum meiner Familie und Photokopien von Kompositionen meines Vaters.

Meine Pflegeschwester Lia Baronin Loë schrieb mir, daß sie einen Musikwissenschaftler suche, der eine Biographie über ihre Tante, die berühmte Pianistin, Komponistin und Musikhistorikerin Ella von Adajewski schreiben sollte. Ich möge mich umsehen, ob ich jemanden ausfindig machen könnte. Ich schrieb also an meinen Brieffreund Mischa. Postwendend antwortete er mir, es sei ihm wie ein Wunder vorgekommen. Er habe gerade an einem Kapitel gearbeitet, das die Adajewski behandelt, da sei mein Brief gekommen. Er habe sich den Kopf zerbrochen, wo er Material für dieses Kapitel beschaffen könne. Er habe vor Freude einen Luftsprung gemacht, und natürlich würde er sich freuen, eine größere Biographie über Ella Adajewski zu verfassen.

URIEL, ENGEL DES TODES

Dolina, meine Lebensgefährtin, betreute mit mir gemeinsam die Patienten, sie nahm teil an ihrem Schicksal, sie beschenkte die Armen unter ihnen, und alle liebten sie wegen ihrer immer gleichbleibenden Freundlichkeit, Stille und Anteilnahme. Im Herbst gab sie noch im Schloß Tegel mit großem Erfolg ein Chopinkonzert. Zu Weihnachten portraitierte sie unseren Pflegesohn Bernd Keyserlingk und hatte vor, Georg Thomalla zu portraitieren. Ich merkte aber, daß sie unter Schwindelzuständen litt und ihre Käfte nachließen. Sie wollte sich nichts anmerken lassen, sie spielte stundenlang Klavier und bereitete sich für einige Hauskonzerte und ein Konzert in der Urania vor. Ich bat Thomalla, sich mit der Sitzung zu gedulden, Dolina aber drängte darauf. Wenn ich sie fragte, ob sie sich nicht wohl fühle, verneinte sie es. Aber ich fühlte, daß sie innerlich unruhig war. Nur wollte sie mich nicht beunruhigen.

Eines Tages in der Sprechstunde, sie saß an einem kleinen Tisch, sah ich, wie sie sich bückte und mit der rechten Hand etwas auf dem Boden suchte; ich fragte sie beunruhigt, was sie denn suche. Sie sagte mit verwaschener Sprache: „Schwindel". Eine Patientin, die zugegen war, und ich hoben sie auf und legten sie auf die Couch. Draußen saßen die Patienten und unterhielten sich laut. Was sollte ich tun, hier lag mein nächster Mensch in Not, und draußen waren Menschen, die meiner Hilfe bedurften. Wie sollte ich mich verhalten? Ich fuhr mit der Arbeit fort. Ich konnte Dolina nicht in ein anderes Zimmer verbringen, denn ich mußte sie im Auge behalten. Die Patienten sahen sie liegen, und jeder fragte sie etwas, sie versuchte angestrengt zu antworten. Das war furchtbar, ich konnte die Patienten aber nicht bitten, sie nicht anzureden. Sie fühlte sich nach einer Weile besser und wollte aufstehen und weiterarbeiten, was ich ihr verbot. Es war ihr peinlich, dazuliegen und Objekt des Mitleids zu sein. Am Nachmittag erholte sie sich und spielte wieder Klavier.

Aber in der Nacht merkte ich, daß sie wach war; ich sprach sie an, und sie konnte nicht antworten. Die Sprachstörung war wieder da. Am nächsten Tag war alles wieder gut. Beim Spaziergang fragte ich sie, ob sie sich erinnere, was nachts gewesen sei. Sie wich aus und tat so, als ob sie sich an nichts erinnern könnte. Erst als ich weiterfragte, meinte sie, sie habe wohl nicht sprechen können. — Nun wiederholten sich die Zustände der Sprachstörung und der rechte Arm wurde lahm. Sie mußte im Bett bleiben. Ihr Sinn war klar und sie verstand alles, was man ihr sagte; sie selbst konnte nur undeutlich, und wenn, dann meistens auf englisch, in ihrer Kindersprache, reden.

In welch ausweglose Konflikte gerät der Mensch! Der liebste Mensch verlöscht im Nebenzimmer, und man muß seiner Pflicht nachgehen und die Sprechstunden abhalten, als ob nichts wäre. Jeder fragt mich nach der Gesundheit meiner Frau und ich muß Auskunft geben. Fast nach jedem zweiten Patienten gehe ich zu ihr, um zu sehen, ob sie einen Wunsch hat. In so kurzer Zeit ist es heute weder möglich eine Sprechstundenhilfe noch einen Arzt oder eine Krankenschwester zu bekommen.

Einige Tage zuvor waren unsere englischen Freunde Kay und Alan Butterworth zu Besuch bei uns gewesen. Sie hatten mir ein seltsames kleines Taschenlämpchen ohne Batterie geschenkt, man drückte auf einen Knopf und es leuchtete. Ich hatte mich über das scheinbar nutzlose Ding gefreut. Aber von welchem Nutzen war es nun für mich! In den Nächten lag ich mit dem Lämpchen in der Hand, und bei jedem Geräusch konnte ich es vorsichtig in Tätigkeit setzen, um zu sehen, ob meine Frau etwas wünschte. Dieses Lämpchen war für mich ein Geschenk des Himmels. Schließlich verlor Dolina fast vollständig die Fähigkeit zu sprechen.

In der letzten Nacht, ehe sie in die Klinik gebracht wurde, merkte ich, daß sie mir etwas sagen wollte. Ein Engel hatte ihr den Mund geöffnet, sie konnte, zwar undeutlich, auf englisch sprechen. Sie fragte, ob es ein Schlaganfall sei. Ich bejahte. — „Werde ich sterben?" — „Das kann dir niemand sagen, du kennst es von Patienten, manche sterben daran, andere genesen. Kein Mensch kann das voraussehen, aber ich glaube, man muß sich immer für den Tod bereit halten." — „Ich fürchte mich vor dem Tod. Was glaubst du wird werden? Sieh, ich habe in meiner Jugend sicherlich manches Unrechte getan, ich war leichtsinnig und übermütig und habe vielleicht auch die Kinder nicht so recht erzogen, wie ich es als Mutter hätte tun sollen. Gott wird von mir Rechenschaft fordern." — „Hab keine Angst. Wir leben nun schon fünfundzwanzig Jahre miteinander, und ich könnte keine einzige unrechte Handlung von dir nennen. All dein Sinnen geht auf Hilfe und Freundlichkeit, und du wirst doch Gott nicht für so kleinlich halten, daß er uns für irgendwelche Verfehlungen, die wir längst bereut und durch rechte Gesinnung überwunden haben, strafen wird.

Ich will dir eine alte Geschichte erzählen, die man in Rußland unter anderen Heiligenlegenden den Kindern erzählt: Da war im dritten Jahrhundert ein Wüstenvater, der sich in die syrische Wüste zum Gebet und zur Meditation zurückgezogen hatte. Viele Menschen pilgerten zu ihm, um seinen Segen zu empfangen und seinen Rat zu erbitten. Eines Tages kam ein Mann zu ihm und beklagte sich über seinen Sohn, der sich auf den Pfad des Unrechts begeben habe. Der Vater hatte es mit Milde und mit Strenge, mit Ermahnungen und mit Strafen versucht, aber nichts hatte genutzt. Er sei davon überzeugt, daß der Sohn in die Hölle kommen werde. Was könne er nur tun?

Der weise Abba besann sich eine Weile, dann sagte er zu dem Mann: »Weißt du was, du sammelst trockenes Holz, schichtest es auf, dann greifst du dir den ungeratenen Sohn, bindest ihn an Händen und Füßen, wirfst ihn auf den Holzhaufen und zündest diesen an.« Der Vater hörte das mit Entsetzen. »Wie kannst du mir einen solchen Rat geben, wie soll ich denn so etwas Furchtbares vollbringen, bedenke doch, ich bin sein Vater!« und er weinte. Der Abba sagte streng: »Wie merkwürdig, du weigerst dich und willst das unter keinen Umständen tun, aber im gleichen Augenblick meinst du, Gott, unser Vater, werde deinen Sohn in der Hölle braten. Wie verhält sich denn das, hältst du Gott für grausamer als dich selbst?« Der Vater ging belehrt und beschämt von dannen."

Diese Geschichte machte einen tiefen Eindruck auf Dolina.

„Wie wird es drüben sein? Werden wir die Menschen, die wir lieben, dort wiederfinden?" — „Niemand kann genau sagen, wie es dort sein wird, und die verschiedenen Kirchen und Religionen haben unterschiedliche Auffassungen darüber. Schließlich sterben wir jeden Tag im Schlaf, wo sind wir dann? Und doch lieben wir den Schlaf, und wenn er uns nicht zuteil wird, sind wir unglücklich. Ich glaube, daß der Tod so etwas wie ein verlängerter Schlaf ist. Ich habe mehrmals Zustände erlebt, in der Meditation, im Schlaf, in einer Ohnmacht — ich war umgeben von einem unbeschreiblichen Licht und von einem Tönen, das man nicht mit Musik vergleichen kann, und ein Gefühl von unermeßlichem Glück überflutete mich. Ein solcher Zustand dauerte vielleicht nur wenige Minuten, für mein Empfinden war er aber ohne Grenzen. Es ist das, wovon die Mystiker aller Zeiten als vom »inneren Licht« sprechen. Die Heilige Katharina von Genua (1448—1510) sagt: »Ich kann bloß sagen: wenn nur ein Tropfen von dem, was ich fühle, in die Hölle fahren würde, die Hölle würde in ein Paradies verwandelt!« Sieh, so stelle ich mir jenen Zustand vor, der nach dem Tode auf uns zukommt, ein großes Licht, eine große Freude und ein großes Verzeihen."

„Meinst du das für alle?" — „Nein, sicherlich in sehr unterschiedlichem Maße, aber gewiß für alle die, welche auf Gott hin lebten." — „Ob ich das aber tat?" — „Du tatest es gewiß!"

„Deine Frage nach der Begegnung im Jenseits. Sieh, wir lieben die Heiligen, die hier im Leben sich überwunden haben und Demütige, Liebende, Helfende waren, und wir glauben, daß sie jenseits dieses Daseins weiter für uns beten, uns beistehen wie die Engel, uns beschützen und helfen. Ich bin aber sicher, daß es nicht nur die kanonisierten Heiligen gibt, sondern alle jene, die ähnlich lebten, werden gleiche Funktionen haben. So bin ich sicher, daß uns jenseits dieses Lebens reiche Hilfe zuteil wird."

„Was wird aber aus dir?" — „Ich werde wie bisher unter Gottes Hand stehen und demütig alles ertragen, was er mir sendet. Und ich werde dir immer nahe bleiben; denn all das, was wir gemeinsam erlebten, alle Freuden, alle Gemeinsamkeit, alle Harmonie, sie können niemals ausgelöscht werden. Du wirst auch weiterleben in der Liebe und im Gedächtnis all derer, die dich liebten und verehrten, und du lebst auch weiter in deiner Kunst. Ich werde dir immer danken für deine Liebe und Treue und für dein Beispiel!" Sie drückte mir die Hand. — „Ich danke dir für alles!" Dann besprach sie die Dinge, die sie ordnen wollte, mit mir. Die Sprache ließ wieder nach. — „Schlaf jetzt und gib dich anheim in Gelassenheit und Freude, sei es dem Übergang, der uns allen bevorsteht, sei es der Genesung." Sie schlief ruhig und gelassen ein.

Als sie am nächsten Tag in die Klinik gebracht werden sollte, schaute sie beim Abschied die Räume liebevoll an und winkte. Im Krankenhaus wurde sie von unserem Freund, dem Chefarzt Janci Schneider, mit größter Liebe und Umsicht behandelt; sie empfand diese Fürsorge und war dankbar.

Unser Freund und Seelsorger, der Leiter der „Offenen Tür Berlin", Jesuitenpater Gebhard Graf Stillfried, hatte meiner Frau das Buch von Pierre Teilhard de Chardin „Der göttliche Bereich" geschenkt, aus dem sie viel Trost schöpfte. Stillfried war auch außer ihrer Tochter Trixie der letzte, der sie auf den weiten Weg stärkte und dessen Gegenwart sie mit Freude erfüllte. Als er kam, hielt sie das Buch mit der nicht gelähmten linken Hand und las darin. Es gibt Menschen, die sind wie Engel; sie treten in den Raum und der Raum wird weit und licht und man fühlt sich in seltsamer Weise erquickt und behütet.

Dann war Dolina weit weg, sie drückte mir noch lange die Hand, also nahm sie meine Gegenwart noch wahr. Am nächsten Tag reagierte sie auf den Händedruck nicht mehr. Der Chefarzt bat Trixie und mich, heimzugehen, man könne das Ende nicht voraussehen, da der Kreislauf noch kräftig sei. Wir gingen schweren Herzens. Ich schlief vor Erschöpfung ein, gegen Morgen wachte ich mit dem Gefühl einer inneren Leichtigkeit und einer unbeschreiblichen Freude auf. Ich erschrak, wie konnte ich solche Freude erleben, wenn meine Frau im Sterben lag? Aber eine halbe Stunde später rief die Krankenschwester an und berichtete, daß Dolina sanft eingeschlafen sei. Da wußte ich, daß sie in Gelassenheit und Heiterkeit der Seele hinüberwechselte in die andere Sphäre.

JURIK - RAPHAEL

Ich kannte ihn von seiner Kindheit an. Er war ein Sohn des russischen Erzpriesters in der Tegeler Kirche. Er ministrierte als Hypodiakon bei seinem Vater in der Kirche. Ich hatte große Angst vor dessen Strenge. Gewiß, ich benahm mich nicht immer so züchtig, wie es sich in einem Kirchenraum geziemt. Ich war salopp und nicht sonntagsmäßig gekleidet, oder die Haare waren nicht glatt gekämmt und pomadisiert, ich ließ auch nicht immer die Hände herabhängen, sondern bewegte sie. Noch schlimmer war es, daß ich auf Jogaart niederkniete, indem ich das Gesäß auf die Beine niederließ. Aber das Allerschlimmste war, daß ich einmal den strahlenden Priester Vater Grigorii, als er aus dem Altarraum heraustrat, mit meiner Minox photographierte. Der jugendliche Hypodiakon sandte mir einen so strafenden Blick, daß ich einen Stich in meinem Herzen zu verspüren glaubte. Ich schämte mich auch sehr. Vater Grigorii lachte, verzieh mir und bat, ich möchte ihm einen Abzug von dem Photo schenken.

Juriks Vater starb, als er erst acht Jahre alt war, er lebte fortan mit seiner Mutter und Babuschka. Ich verlor ihn aus den Augen und traf ihn erst Jahre später bei russischen Verwandten wieder. Inzwischen war er Medizinstudent geworden. Die Umsicht, mit der er die Schüsseln bei Tisch weitergab und wie er aufpaßte, ob auch alle genügend versorgt seien, gab mir das Gefühl, daß aus ihm ein guter Arzt würde. Ich sagte es ihm, er errötete und fragte, wie ich zu dieser Meinung käme. „Weil du so umsichtig bist und weil deine Augen alles sehen. Das ist das, was der Arzt am meisten braucht." Aus dieser Begegnung wurde eine Freundschaft, mehr noch, eine Filiation.

Der junge Mensch, besonders wenn er vaterlos aufwächst, bedarf einer Führung, und der ältere Mensch braucht jemanden, dem er seine Erfahrungen weitergeben kann, denn erst dann sind sie nicht nutzlos. Und es gibt nichts Beglückenderes in diesem Dasein, als daß ein älterer Mensch jüngere Menschen findet, die bereit sind, sich von ihm führen zu lassen, und daß er ihnen etwas von dem Reichtum seiner Erfahrungen vermitteln kann. Erstaunlicherweise versagt dieser Filiationsprozeß meist zwischen Vätern und Söhnen oder Müttern und Töchtern. So wie man als Kind einen Paten hatte, sollte man als junger Mensch einen selbstgewählten pater spiritualis haben. Wieviele Neurosen würden dann nicht zur Entfaltung kommen, und wieviele ältere Menschen würden durch die Zuwendung zu Jüngeren der so häufig im Alter entstehenden Vereinsamung entgehen.

Nun ist es nicht mehr als natürlich, daß der ältere Freund in der Regel der Gebende ist nach dem Maß der Gewichte; denn wenn der Gebende niemanden fände, der zu nehmen bereit ist, dann müßte er wie der Geizhals in seinem Reichtum ersticken. Die Freude, die Bereitschaft und die Dankbarkeit, mit der Jurik die geistige Führung entgegennahm, bereiteten meiner Frau und mir große Freude.

Es kam aber großes Leid über uns. Meine Frau erkrankte plötzlich an einem Gehirnleiden. Bisher hatte sie mir in der Betreuung der Patienten geholfen und mir in der Praxis die halbe Arbeit abgenommen, soweit es sich um schriftliche Erledigungen handelte. Nun stand ich plötzlich allein da, allein in der Pflege meiner schwerkranken Frau und allein in der Praxis. Es war eine verzweifelte Situation. Es war unmöglich, so schnell eine Krankenschwester oder eine Sprechstundenhilfe zu bekommen. Wir haben sehr viele Freunde, aber alle sind berufstätig oder wohnen zu weit entfernt. Ich wußte nicht, woher mir Hilfe zuteil werden sollte. Ich betete um Hilfe. Da rief einige Stunden später Jurik an. Ich berichtete ihm von Dolinas schwerer Erkrankung. Er überlegte einen Augenblick. Dann sagte er: „Ich komme gleich!" Und er kam, er blieb, er pflegte Dolina und half mir in der Sprechstunde. Er gab ohne zu zögern die Arbeit in der Universität auf, um zu helfen. Schließlich mußte Dolina doch ins Krankenhaus gebracht werden, sie konnte nur noch unartikuliert sprechen, aber der Blick, mit dem sie Jurik ansah, sagte alles. Sie dankte ihm für alle Liebe und Freundschaft, und da sie wußte, daß sie nicht zurückkehre, dankte sie ihm, daß er mich nicht allein ließ. Ohne mich nur zu fragen, blieb er ganz selbstverständlich in unserem Haus und nahm mir viel Arbeit und Mühe ab. Später kam Dolinas Tochter Trixie und erleichterte ihrer Mutter die letzten Tage. Jurik blieb auch nach dem Tode meiner Frau bei mir, er heiterte mich auf und war ein idealer Freund. Ja, als ich kurze Zeit später infolge von Übermüdung einen schweren Autounfall erlitt, betreute er mich in der Klinik und versorgte Haus und Praxis. Die Patienten gewannen ihn so lieb, daß sie traurig waren, als er das Studium wieder aufnahm.

So sandte mir Raphael, den ich als meinen Lebensgefährten ansehe, einen würdigen Stellvertreter, und wie so oft im Leben erfuhren Dolina und ich, wie nahe die Hilfe ist, wenn man ihrer am meisten bedarf und von sich aus keinen Rat weiß.

153

DER DELPHIN

Mein Freund Rudolf meinte kürzlich in einem Gespräch, ob ich nicht doch zu weit ginge, wenn ich glaubte, daß Gottes Einwirkung sich bis in die kleinsten und intimsten, vielleicht auch belanglosesten Dinge des Alltags erstrecke, ob man Gott damit nicht zu klein mache. Ich begriff die Frage und überlegte: „Du meinst, man würde Gott in all seiner Größe und Erhabenheit herabsetzen, wenn man glaubte, daß er am Leben eines Menschen hinsichtlich jeder auch noch so kleinen Einzelheit Anteil nehme." — „Ja, dieser Gedanke befremdet mich, er läßt dem Menschen in seinen Entscheidungen zu wenig Spielraum, und ebenso befremdlich erscheint mir das sozusagen persönliche Engagement Gottes an jedem Wesen." — „Ich begreife deine Einstellung, vielleicht denke ich darin mehr als östlicher Mensch, der überzeugt ist, daß Gott allgegenwärtig ist, also an allem beteiligt, in allem seiend und wirkend, und daß die großen und die kleinen Dinge, die Begegnungen, die Beglückungen, die Katastrophen, aber auch die winzigen Dinge von ihm bewirkt werden. Können wir jedoch überhaupt entscheiden, ob es die kleinen oder die großen Dinge sind, die unser Schicksal formen? Handelt es sich um Zufälle oder um Fügungen? Wenn es Zufälle sind, so fallen sie uns von irgendwoher zu; an uns liegt es, ob wir sie auffangen oder nicht, oder ob wir über sie stolpern. Und nennt man es Schicksal, so bedeutet das, daß sie uns geschickt werden. Ich glaube, man kann Gottes Wirkung in der Welt nicht einschränken: bis hierher ist es seine Einwirkung, von da ab nicht mehr. Der geistig Blinde geht an allen Zeichen, Symbolen, Sendungen und Warnungen vorbei, weil er nichts merkt; dem Sehenden werden Dinge geoffenbart, Zusammenhänge und Zeichen, daß er im Großen und Kleinen verwundert und dankbar sich verbeugt und sie annimmt. Und er wird heil, weil er sich in der Hand Gottes weiß, in jener Hand, die auf den alten Ikonen in der rechten Ecke abgebildet ist als Andeutung, daß jene Hand es ist, die unsere Geschicke lenkt."

An einem Abend erzählte mir Rudolf — er besitzt die wunderbare Gabe, seine Umgebung, die Menschen, die ihm begegnen, seine Behausung zu verfeinern, zu formen, bis alle Dinge die Klarheit von geschliffenen Kristallen erhalten —, er habe einmal bei einem Antiquar ein Aquamanile in der Form eines Delphins, des mysteriösen Fisches, der als Symbol Christus repräsentiert, entdeckt; es sei ein herrliches Gefäß aus Kupfer gewesen, das man an der Wand befestigt und das durch einen Hahn im Mund Wasser zum Händewaschen spendet. Er sei von dem Gegenstand fasziniert gewesen, habe ihn aber nicht sogleich gekauft. Als er einige Tage später in den Laden gegangen sei, um den Delphin zu erstehen, sei er bereits verkauft gewesen. Das habe ihn sehr traurig gestimmt, denn er habe das Gefühl gehabt, daß der Delphin zu ihm gestrebt habe. Ich kannte solche Delphine aus der Antike und von Italien und Spanien her und begriff, daß solch ein Tier wunderbar in Rudolfs schöne Wohnung gepaßt hätte.

Drei Tage später besuchte ich den Verleger Richard Schikowski, mit dem ich über ein Yogabilderbuch, das ich mit Bernd Keyserlingk verfaßte, zu verhandeln hatte. Ich betrete sein Privatkabinett; das erste, was ich an der Wand sehe, ist ein herrlicher großer Delphin aus Zinn, wunderbar erhalten, unter ihm eine große zinnerne Muschel. Ich kann mich vor Staunen nicht fassen, gehe auf das Kunstwerk zu und sage zu Richard Schikowski, von dem ich vor Jahren bereits den riesenhaften Holzschnitt mit der Darstellung der Schlacht am Kulikowo Pole erworben hatte: „Der Delphin gehört mir, koste er, was er wolle! Ich muß ihn haben!" Schikowski lächelte. „Zunächst gehört er mir, denn ich habe ihn gekauft. Immerhin durch Sie! Erinnern Sie sich, daß Sie mir einmal einen alten russischen Herrn empfahlen, der Antiquitäten verkaufen wollte; von ihm habe ich diesen Delphin." Ich dachte bei mir: „Hättest du doch erst die Sachen angesehen, ehe du den Mann weiterschicktest!" Nach langem Hin und Her besaß ich jedoch den Delphin und brachte ihn Rudolf.

„Ich bin nur der Bote, der ihn dir bringt. Dein Wunsch nach dem Delphin war so stark, daß er Wirklichkeit werden mußte, und nun besitzest du ihn."

„Aber wenn mein Wunsch so stark war — ich habe ja auch immer bei den Antiquaren nach ihm gesucht —, warum fand ich ihn denn nicht, warum mußtest du ihn finden und mir schenken?" — „Wenn du ihn selbst gefunden und erworben hättest, dann wäre das die natürlichste Sache von der Welt. Daß ich aber, drei Tage nach deiner Erzählung, ihn fand und dir schenkte, darin liegt das Mysterium, das zwischen den Dingen verborgen ist: nämlich daß eine unsichtbare Macht, wir mögen sie Gott nennen, bei der Auffindung des Delphins mit im Spiel war. Und erst durch derartige Erlebnisse wird das Leben, werden die Begegnungen und die Geschenke wunderbar.

155

Übrigens fällt mir ein seltsames Erlebnis ein, das mich beeindruckte. Ich hatte vor Jahren im Auftrag des Gerichts einen jungen Tunichtgut auf seine geistige Zurechnungsfähigkeit zu untersuchen. Er hatte ungezählte Vorstrafen, er war, wie man sagt, ein Krimineller. Aber er war es mit Leib und Seele und mit Humor. Er faßte Vertrauen zu mir und erzählte mir viel mehr, als nötig war. Einmal hatte er bei seiner Großmutter eingebrochen und ihr die Kassette mit ihren Ersparnissen gestohlen. Er war noch nicht ganz fertig mit seiner Arbeit, da hörte er Schritte und Stimmen, er verzog sich unter das großmütterliche Bett. Dort standen zwei Torten. Die eingetretenen Menschen machten es sich im Zimmer bequem und bereiteten den Kaffee. Da fragte jemand: »Wo hast du denn die Torten?« — »Sie sind unter dem Bett«. Und eine Hand tastete suchend am Boden. Mein Delinquent schob ihr vorsichtig die Torte zu. Jener ergriff sie, ohne zu merken, daß er unerwartet Hilfe bekommen hatte. So ist es mit den Hilfen. Wir glauben, es liege an unserem Wirken, und doch wird es uns zugespielt oder zugeschoben."

Am 7. Januar feierten wir bei mir russische Weihnachten. Am Abend fiel mir ein, daß ich ja meiner Freundin Katja Nowikowa im russischen Altersheim hatte gratulieren wollen. Rudolf erbot sich, da es sehr neblig war, mich zu begleiten. Katja hatte mich nicht erwartet, sie war krank und lag zu Bett. Wir mußten eine Weile vor ihrer Tür warten, bis sie eine blaue Strickjacke und ein Kopftuch von gleicher Farbe angezogen hatte. Sie strahlte vor Freude und bat uns, wir sollten uns setzen. Vor der Ikonenwand brannten einige Lämpchen, das Zimmerchen atmete altrussische Atmosphäre. Sie bot uns Chalva an. Sie zeigte Rudolf besonders schöne alte Ikonen, die sie selbst gereinigt und restauriert hatte. Wir blieben nicht lange. Rudolf wollte den russischen Friedhof, der sich gegenüber dem Altersheim befindet, noch sehen. Wir gingen schweigend in einer geheimnisvoll nebligen Landschaft, aus der, wie ohne Vermittlung der Erde, die vielen Silhouetten der orthodoxen Grabkreuze herausragten. Jeder hing seinen Gedanken nach. Ich las die Namen auf den Kreuzen, viele große, historische Namen, die mit der Geschichte Rußlands im Guten wie im Bösen verknüpft waren, deren Träger, ausgeworfen von der Revolution, ihre letzte Ruhe in russischer Erde in fremdem Lande gefunden hatten.

Da sagte Rudolf leise: „Weißt du, manchmal befällt mich Angst vor dem Alter, vor der Hilflosigkeit, vor der Dürftigkeit des Lebens. Ich hatte wirklich Angst. Aber seitdem ich Katja gesehen habe, die krank und elend und arm ist — aber wie trägt sie es, wie großartig ist sie in ihrer Haltung, wie demütig und wie strahlend, und hast du gesehen, wie kokett sie sich ihr Tüchlein um den Kopf gebunden hat? Seit ich sie sah und ihr begegnete, weiß ich, daß man, daß auch ich alles, was kommen mag, so tragen kann. Ich werde diesen russischen Weihnachtsabend nicht so schnell vergessen." Ich drückte ihm dankbar die Hand.

NIKI

Diese Geschichte und Begegnung hat eine lange Vorgeschichte. Die zweite Frau Zar Peters des Großen und spätere Kaiserin Katharina I. war ein Bauernmädchen namens Martha Raabe gewesen. Sie hatte drei Schwestern, die älteste heiratete den Bauern Skoworodski und wurde Urmutter des Geschlechts der Grafen Skowronski, die zweite, Christine, heiratete einen deutsch-litauischen Bauern Heinrich, ihre Kinder wurden Grafen Hendrikoff.

Zar Peter III., Enkel Katharinas I., erhob Iwan Simonowitsch Hendrikoff, den Sohn des Bauern Heinrich, seinen Vetter, 1762 in den Grafenstand und ernannte ihn zum General en Chef. Er war bereits mit Jelisaveta Sergiewna Buturlina, die aus einer uralten Bojarenfamilie stammte, verheiratet. Anläßlich eines Banketts schaute Peter III. meinen Urvater Aleksei Bogdanowitsch Tschelistscheff maliziös an, zwinkerte mit dem linken Auge und meinte ganz nebenbei: „Und du, Aleksei Bogdanowitsch, du heiratest meine Cousine Warenka Hendrikowa! Du warst lang genug Junggeselle!" Aleksei Bogdanowitsch erblaßte. „So wahr Gott lebt, Majestät, das tu ich nicht!" Er sprang entgegen jeder Etikette auf und wollte den Saal verlassen. Auch der Zar sprang auf. „Verhaftet ihn sofort! Ich dulde keinen Ungehorsam!" Aleksei Tschelistscheff wurde umringt, gebunden und abgeführt.

Wenige Tage später wurde Peter III. erwürgt und seine Frau bestieg als Katharina II. den Thron. Alle eingekerkerten und nach Sibirien oder auf ihre Güter verbannten Widersacher Peters III. wurden begnadigt. Aleksei Bogdanowitsch Tschelistscheff wurde in sein altes Amt als Kammerherr eingesetzt. Als das obligate Trauerjahr zu Ende war, gab die Kaiserin ein rauschendes Fest. Aleksei Bogdanowitsch erblickte ein schönes junges Mädchen, das sein Herz schneller schlagen ließ. Er ergriff die Hand seines Vetters Pjotr Chowanski: „Siehst du jenes Mädchen dort, die und keine andere wird meine Frau! Wenn du sie kennst, bitte stell mich ihr vor!" Pjotr Chowanski lachte. „Du Narr, das ist doch Warwara Hendrikowa, um deretwillen du beinahe vom Leben zum Tode befördert worden wärest!"

Er wurde Warwara, die natürlich die Geschichte seiner Weigerung und seiner Verhaftung kannte, vorgestellt und bat sie um ihre Hand.

Ganz Rußland lachte damals über die Umstände dieser Verbindung; den störrischen jungen Leuten, die nicht heiraten wollten, wurden Warenka und Aleksei als warnendes Beispiel genannt. Die Zarin selbst richtete ihnen die Hochzeit. Warenka und Aleksei gehörten zu ihren liebsten und vertrautesten Verwandten. Aleksei wurde Oberhofmeister.

Wenn meine Mutter ihre Verwandten in Petersburg besuchte, versäumte sie nie, auch den Verwandten in Zarskoje Selo ihre Aufwartung zu machen. Mein Vater Sascha war verwandtenfeindlich, er suchte sich die Freunde selber aus, aber Jadwiga erwiderte ihm streng: „Du kannst machen, was du willst, aber du hast nicht das Recht, die Kinder ihrer Verwandtschaft zu entfremden. Später können sie sich entscheiden, wie sie wollen. Sie sind so wild, sie sollen lernen, sich manierlich zu benehmen!"

Ich war diesmal mehr auf Saschas Seite, einmal wegen des Zwangs zum guten Benehmen, zweitens: ich war damals zwölf und die Hendrikoff-Kinder Sophie, Gogo und Niki waren mehrere Jahre jünger. Ich will nicht sagen, daß ich mehr Freude daran gehabt hätte, bei den Erwachsenen zu sitzen; offenbar hatten diese ebensowenig Freude an meiner Gesellschaft. Die etwas steife und protokolläre Art der Petersburger ärgerte mich; aber das Spielen mit kleineren Kindern fand ich unter meiner Würde. Ein solcher Besuch endete meist mit großem Verdruß. Ich gab mich hochnäsig, nichts gefiel mir, auch nicht die Namen der sehr wohlerzogenen Knaben. „Warum heißt ihr Gogo und Niki?! Ihr seid doch Russen, bei uns heißt man Jurik oder Schorschik und Kolja! Was soll aber Niki und Gogo, ist das vielleicht deutsch?" Eine größere Beleidigung konnte man damals nicht aussprechen, denn Rußland führte Krieg gegen Deutschland und alles Deutsche war verhaßt. Niki begann leise vor sich hin zu weinen. Das ging mir ans Herz; wenn er losgebrüllt hätte! aber so fühlte ich, daß ich ihm unrecht getan hatte.

Wie ein Deus ex machina erschien die Gouvernante der Kinder und schimpfte mich einen großmäuligen, ungehobelten Moskowiter, wild und ohne Manieren, der ihren lieben, artigen Niki beleidigt habe. Alle waren froh, als dieser peinliche Besuch beendet war, und ich mußte Sascha recht geben, solch ein Verdruß konnte einem nur mit Verwandten passieren.

Wenige Jahre später fegte die Revolution uns aus unseren angestammten Sitzen und aus der Heimat heraus. Das Schicksal aller Emigranten ist Entwurzelung. Sie verlassen ihre Scholle, die Gräber ihrer Ahnen, das Land ihrer Geschichte, ihr Heim, ihre Sprache. Der Prozeß der Akklimatisation vollzieht sich äußerst langsam, bei alten Menschen nie. Zwischen einem Wesen, das von einem anderen Planeten käme, und einem Emigranten besteht kaum ein Unterschied. Beide sind fremd, sie müssen sich, mühsam und unter vielen Widerständen, der Sprache, den Sitten und Gewohnheiten des Gastlandes anpassen.

Alle anderen haben ihre Familienangehörigen, ihre Schulkameraden, ihre Nachbarn. Es gibt viele Menschen, die Zeugen ihrer Kindheit, ihrer Schulzeit und mancher Begebenheit ihres Lebens waren. Der Fremdling kommt mit einer fremden Lebensgeschichte und Vergangenheit an. Niemand weiß etwas von ihm. Auch wenn er sich angepaßt hat, verliert er nie das Gefühl seines Andersseins. Er verliert auch nie die Sehnsucht nach seiner verlorenen Heimat. Viele Akzente im emotionalen Bereich verschieben sich; Menschen, die einem in der Heimat gleichgültig gewesen waren, werden einem in der Fremde lieb und nah.

Jeder von uns — und wir waren in diesem Jahrhundert die erste gewaltige Flut von Emigranten, die über die Welt ausgestreut wurde — suchte in der Fremde nach Freunden und Verwandten, die alle Grauen der Revolution überstanden und sich gerettet haben mochten. Und es war eine große Freude, wenn man einen fand, man rückte einander näher, man war nicht nur verwandt; es waren Menschen, die einem im tiefsten Sinne die verlorene Heimat bedeuteten, man stammte aus gleichem Kulturkreis, sprach die gleiche Sprache und hatte die gleiche Vergangenheit.

Wir waren in die ganze Welt zerstreut, und wir suchten einander. So war ich auf der Suche nach meinem Vetter Aljoscha Galitzin, nach Aljona Obolenskaja, die meine erste Liebe gewesen war, und nach den Kindern Hendrikoff. Inzwischen war ich größer geworden und schämte mich meines seinerzeitigen Verhaltens. Ich fragte überall nach ihnen, aber sie waren niemandem begegnet, und so kam ich zur Überzeugung, daß sie in den Wirren der Revolution umgekommen seien.

48 Jahre später suche ich anläßlich eines Kongresses in Erkelenz einen Platz in einem überfüllten Restaurant. Ein Stuhl ist frei und ich frage, ob ich mich dazusetzen dürfe. Man kommt ins Gespräch. Mein Nachbar fragt mich, woher ich stamme, ich hätte eine östliche Aussprache. Ich sage, daß ich Russe sei. Sein Gesicht verklärt sich. „Ich bin Danziger, meine beiden besten Jugendfreunde waren Russen, ich werde sie nie vergessen; glauben Sie mir, solche Freunde wie die Russen gibt es nirgendwo sonst, sie gehen für einen durchs Feuer!"

Ich frage ihn, wie unter Zwang, wie diese Freunde geheißen hätten. „Es waren Grafen Niki und Gogo Hendrikoff." Ich fasse in Erregung seine Hand. „Denken Sie, ich habe, als ich nach Deutschland kam, immer nach ihnen geforscht und niemand konnte mir je Auskunft über sie geben. Wo sind sie jetzt, können Sie mir etwas über sie sagen?" Sein Gesicht verdüstert sich. „Niki starb als junger Mann an einem Abszess, und Gogo hat geheiratet, er starb aber sehr jung. Er soll ein Kind haben, einen Jungen, aber ich verlor die Familie aus den Augen. Ich hätte um meinen eigenen Bruder nicht so getrauert wie um Niki. Nie in meinem Leben hatte ich wieder einen solch treuen Freund." Er erzählte mir seine Erlebnisse mit meinen Vettern, und ich erzählte ihm die meinen. Wir trennten uns. Sein Name war Hans Göldner.

Ich meditierte darüber, warum mir wohl das Schicksal fast fünfzig Jahre später einen Boten in den Weg sandte, der mir den Tod der Vettern berichtete. Aber es war noch ein Kind da, ein Kind von Gogo. Vielleicht sollte ich nach dem Kind forschen? Aber wo sucht man einen Menschen, von dem man nur den Namen weiß, in der weiten Welt? — Wir wissen nicht warum und wozu; aber kaum ein Ding oder ein Erlebnis steht für sich allein, ohne daß es sich wellenartig fortentwickelt.

Sechs Wochen später fuhr ich zu einem anderen Kongreß nach Stuttgart und machte bei meinem Pflegesohn Karli, inzwischen Doktor, Psychologe, Privatdozent, Familienvater und Hausbesitzer, eine Zwischenstation. Wir unterhielten uns, sprachen von unseren Erlebnissen, unseren Zielen und von Freunden. Da fragte er mich: „Du müßtest doch Niki Hendrikoff kennen, er ist Russe." Ich konnte meine Erregung nicht verbergen und erzählte Karli von der Begegnung in Erkelenz. Ohne daß ich einen Finger gerührt hatte, führte mich das Schicksal an diesen Verwandten heran. Karli wußte nur, daß Niki in einem Krankenhaus im Berchtesgadener Land als Arzt tätig sei. Wie sollte ich ihn finden? Meine erste Reaktion des trägen Herzens war: abwarten! Aber dann sagte ich mir: „Wolodja, das ist eine Botschaft, es wird nicht mehr gewartet!" — Ich setzte mich ans Telefon und rief alle Krankenhäuser jener Gegend an und fragte nach ihm. Schließlich erfuhr ich, wo er arbeitete, aber er war nicht zugegen. Ich bekam seine Privatadresse und rief dort an. Seine Frau Lieselotte war am Apparat. Ich erklärte ihr umständlich, wer ich sei. „Gott sei Dank", sagte sie, „Niki, der deutsch erzogen ist, hat eine große Liebe zu seiner unbekannten Heimat, und er meint immer, er müsse doch irgendwelche russischen Verwandten haben. Er wird sich sehr freuen."

Ich fuhr hin und fand das schöne Bauernhaus in Hohenfried. Es war ein sonniger Tag. Als mein Wagen sich dem Haus näherte, sprangen eine schöne junge Frau und ein schlanker junger Mann auf und liefen mir entgegen. Ich dachte, sie wollten mir den Weg weisen, aber sie riefen: „Sie sind Onkel Wolodja! Wir sind Lieselotte und Niki." Dann umstanden mich drei süße kleine Mädchen, und wir hatten alle das Gefühl, als ob wir uns nach einer langen Abwesenheit wiedersähen.

Niki hatte einen langen Weg der Selbstbehauptung, der Krankheiten und Entbehrungen hinter sich. Bewundernswert ist seine innere Reife und Gelassenheit und sein Vertrauen in das Schicksal. „Weißt du, ich bin durch alles im Leben hindurchgegangen, ich habe mich vor keiner Arbeit gescheut, ich war Mechaniker, habe Kühe gehütet, in der Landwirtschaft gearbeitet, habe Kranke gepflegt, Autos repariert und bin als Vertreter von Haus zu Haus gegangen. Nichts davon war nutzlos, denn jetzt kenne ich die Lebensbedingungen der verschiedensten Berufe; ich kann mit jedem Menschen in seiner Sprache reden und er fühlt, daß ich ihn verstehe." — Er erkennt in seinem gütigen Herzen die Not des anderen und ist bereit zu helfen. Dieses schnelle Erkennen beruht auf seiner Einfühlungsgabe.

„Einst", so erzählte er, „ich war wohl neun oder zehn Jahre alt, da kam ich zu einem Bauern. Er verlangte von mir, seine zwanzig Kühe auf der Weide zu hüten. Ich sollte aber abends alle Kühe unversehrt wieder heimbringen. »Wie soll ich denn die Kühe erkennen, sie sehen alle gleich aus?«, sagte ich schüchtern. — »Du wirst sie schon erkennen, sonst gibt's was!«, brummte der Bauer. Als es Abend wurde und ich die Kühe heimtreiben sollte, siehe da waren es nicht mehr zwanzig, sondern achtundzwanzig; andere, fremde, neugierige Kühe hatten sich zu den meinen gesellt. Was sollte ich nun tun, sie sahen alle gleich aus. Der Bauer schimpfte, glücklicherweise fanden die fremden Kühe allein ihre Ställe. Später aber konnte ich jede einzelne Kuh unterscheiden . . . Als junger Arzt bekam ich zum erstenmal eine Abteilung, es waren meist alte Damen; mein Chef ging schnell mit mir von Bett zu Bett und nannte mir die Krankheiten. Ich mußte mir zugleich die Gesichter der Damen und die Diagnosen einprägen; das war unmöglich, denn es waren viel mehr Damen als damals Kühe. Plötzlich erinnerte ich mich meiner Verzweiflung, ob ich die Kühe jemals würde unterscheiden können; genauso, fürchtete ich, würde ich die vielen Damen, die alle in gleichen Betten lagen, nie auseinanderhalten können. Aber auch das gab sich mit der Zeit."

Niki besitzt eine Eigenschaft, die unserer Familie eigen ist. Obwohl er ungewöhnlich gebildet ist, kennt er sich in Grammatik und Orthographie schlecht aus. Ich und mein verehrter Verleger können es ihm nachfühlen. Eines Tages mußte er einer Patientin wegen eines gebrochenen Arms einen Gipsverband anlegen. Der Verband gelang ausgezeichnet. Nun ist es üblich, mit blauem Stift daraufzuschreiben: „Unfall am . . . Gips ab am . . ." Aber Niki wußte nicht mehr genau, wie man Gips schreibt. In der Medizin tragen so viele Dinge einen Eigennamen — Krankheiten und Medikamente: Priesnitz, Scanzonische Zange, Parkinson, Little, Mac Burney, Billroth —, so dachte er, daß wohl ein kluger Engländer namens Gibbs zuerst jenen Stoff für Verbände angewandt habe. Die Schwestern standen erwartungsvoll dabei und wußten nicht, warum er zögerte. Sollte er sie danach fragen, sie mußten es ja wissen? Aber er wollte nicht zum Gespött der Klinik werden. Er fand einen Mittelweg. Er konnte Gips oder Gibs, schlimmstenfalls Gibbs heißen, so schrieb er Giþs. Er verlängerte wie zufällig das b nach oben und das p nach unten, und er war gerettet.

Mein Vater Sascha war der Meinung, Verwandte seien die einzigen Menschen, die einem ungestraft Unannehmlichkeiten und Taktlosigkeiten sagen und sich in die privatesten Angelegenheiten einmischen dürften, und er hatte oft recht. Aber wenn zu den Banden des Bluts Bande der Freundschaft geknüpft werden, dann ist dies wunderbar.

DER WEIHNACHTSENGEL

Es gibt Tage, die für alleinstehende Menschen schwer zu ertragen sind. Am Weihnachtsabend, an dem Fest, da die Familienangehörigen zueinanderstreben, um gemeinsam das große freudige Fest zu feiern, empfindet der Einsame sein auf sich selbst gestelltes Dasein als belastend.

Es war das erste Christfest seit dem Tode meiner Frau Dolina, und ich erwog, ob ich nicht besser zu dieser Zeit verreisen und das Fest an einem fremden Ort begehen sollte. Aber mein treuer Freund, Kraft Graf von Henckel Donnersmarck, erbot sich, aus Bayern zu mir zu kommen und mit mir das Fest zu feiern. Auch Jurik Sakidalski gesellte sich zu uns. Kraft kam schon am Nachmittag zum Tee zu mir. Mein Freund Rudolf schenkte mir den schönsten Tannenbaum meines Lebens, es war die Spitze einer alten Edeltanne, die über und über mit großen Zapfen behangen war. Man brauchte nur einige wenige Kugeln und einige Kerzen daran zu befestigen, und der Baum, in seinem natürlichen Schmuck, sah wie eine Wundertanne aus.

Kraft und ich beschlossen, vor dem Fest auf den Friedhof zu gehen und Dolinas Grab zu besuchen. Ich vergaß, daß es im Winter früh dunkel wird, und als ich aus dem Fenster schaute, war es schon fast finster; wir machten uns auf, zweifelnd, ob wir noch Einlaß finden würden. Die Friedhofskapelle war erleuchtet und Menschen strömten nach beendetem Gottesdienst der Pforte zu. Wir nahmen die Gelegenheit wahr und eilten zum Grab. Dann kehrten wir schweigend um. Es war dunkel und kalt, ein dünner Regen, der beinahe in Schnee überging, nieselte auf uns herab. Kein Mensch war weit und breit zu sehen. Die Pforten waren geschlossen.

Wir sahen uns verdutzt an. Was sollten wir tun? Die Häuser jenseits des Friedhofs waren nicht erleuchtet. Ein Pförtnerhaus gab es nicht innerhalb des Geländes. Wir hatten unsere Haustür offen gelassen, damit Jurik hereinkommen könne. Er wußte, daß wir Dolinas Grab besuchen wollten. Vielleicht würde er uns erretten. Aber wie lange würde es dauern, bis er begriff, daß man uns eingesperrt hatte, und würde er überhaupt auf diese Idee kommen? Wir waren ratlos. Es hatte keinen Zweck zu rufen, denn weit und breit sah man keine Menschenseele. Wir standen ratlos da, es wurde uns kalt und wir begannen auf und ab zu gehen. Die Pforten waren aus Schmiedeeisen und sehr hoch, auch der Drahtzaun war neu und hoch, an ein Überklettern war nicht zu denken. Mit Wehmut dachten wir an das warme Haus, an die frohen Menschen, die in der ganzen christlichen Welt sich um den geschmückten Tannenbaum versammelten. Wir waren zwei Lebende am Ort der Toten. Es war nichts Unheimliches an dieser Situation. Sicherlich dachten wir an manche Gespenstergeschichten, die wir aus unserer Kindheit kannten, aber viel mehr bekümmerte uns, wie wir diese Nacht in der Kälte und im Regen überstehen sollten.

In der Dunkelheit sahen wir eine Gestalt auf uns zukommen. Es war eine alte Frau. Wir dachten, sie sei vielleicht die Beschließerin, und freuten uns, daß wir nun die Gelegenheit hätten hinauszukommen, aber sie war wie wir eine Besucherin. Sie näherte sich uns und fragte, ob die Tore denn verschlossen seien. Eine Weile stand sie sinnend da, dann kam ihr offenbar ein Gedanke. „Wenn Sie hier herauswollen, dann folgen Sie mir."

Trotz ihres hohen Alters lief sie behend vor uns her, wir hatten Mühe das Tempo einzuhalten. Kreuz und quer rannte sie durch die Pfade des Friedhofs, manchmal entschwand sie unseren Blicken und es fiel uns schwer, sie in der Dunkelheit zu finden. Nach einem Marsch, der eine Viertelstunde dauerte — uns kam diese Zeit wie eine Ewigkeit vor —, gelangten wir an ein Törchen. Die Frau oder der Engel rüttelte daran, mit einem quietschenden Ton ging es auf und wir waren in Freiheit.

Alles war ganz natürlich vor sich gegangen, wir waren froh, den Rückweg gefunden zu haben und dankten der Frau für die Errettung. Wir nahmen sie bis zur Kirche, die sie noch besuchen wollte, im Auto mit.

„Wissen Sie, daß Sie unser rettender Engel sind? Gott muß Sie gerade zu diesem Zeitpunkt zu uns gesandt haben, wir wären sonst aus dem Friedhof nicht herausgekommen und hätten sicherlich die seltsamste Weihnachtsnacht unseres Lebens verbracht", sagte ich zu ihr.

Sie wehrte ab. „Was, ich ein Engel, ich bin eine einfache alte Frau. Ich hatte mich am Grabe meines Mannes versäumt und nicht bemerkt, daß es schon so spät geworden war. Das ist alles, und da es mir im Sommer schon einmal passiert war, daß ich mich verspätete, und heraus mußte ich doch, da fand ich am anderen Ende das bewußte Pförtchen, dessen Schloß verrostet ist, und daran erinnerte ich mich heute. Sehen Sie, so kann sogar die Unordnung der Menschen einem zum Segen gereichen. Aber ein Engel bin ich nicht, wirklich nicht!"

„Wissen Sie denn nicht: die meisten Engel, Erzengel Raphael an der Spitze, zeigten sich nicht in der Gestalt eines Engels, sondern verkleideten sich als Wandersmänner oder als Handwerker. Lassen Sie uns den Glauben, daß der Herr Sie uns in dieser für uns ausweglosen Situation als rettenden Boten gesandt hat, um uns zu befreien. Sie sind unser Weihnachtsengel!"

DAS MÄRCHEN VOM GOLDENEN FISCH

Solotája Rybka, das ist der goldene Fisch, den ein Fischer eines Tages fing. Eigentlich war er zu klein, um ihn zuzubereiten, aber er war so schön und schillerte in so vielen goldenen Farben, daß der Fischer davon entzückt war und das zappelnde Wesen sinnend in seiner Hand hielt. Da sprach der Fisch ihn an und beteuerte, er würde ihm alle seine Wünsche erfüllen, wenn er ihn nur freiließe. Er brauche ihn nur zu rufen und seinen Wunsch kund zu geben. Der Fischer warf den Goldfisch behutsam ins Wasser zurück. Er war ein Fischer, ein armer Mann; seine Wünsche reichten nicht weit: Gesundheit, Arbeit, sturmfreies Wetter und einen guten Fischfang.

Aber durfte er den Fisch um einen guten Fischfang bitten, da es doch seine Kameraden waren, die ins Netz gehen sollten? Er verwarf diese Bitte als nicht freundlich. Was blieb ihm dann zu wünschen übrig? Gesundheit besaß er, die Behausung war alt, aber er liebte sie, war er doch darin geboren; also brauchte er den Fisch nicht, denn für Brot und Grütze würde er auch allein sorgen.

Doch des Fischers Frau war anderer Meinung, sie benötigte vieles, und der arme Fisch mußte es erfüllen, bis ihre Wünsche unermeßlich wurden und sie sich wieder vor ihrer alten Hütte befand.

Ich liebte dieses Märchen und las es gelegentlich wieder, mit den Worten und Bildern stiegen auch die Erinnerungen an die verlassene Heimat auf, an die alte Njanja, wie sie es mir in der nachmittäglichen Dämmerung erzählte. Im Ofen standen Bratäpfel und dufteten. „Njanja, wieso kann denn der kleine goldene Fisch den Menschen die Wünsche erfüllen, das kann doch nur Gott?" — „Der Fisch, mein Täubchen, ist doch auch ein Geschöpf Gottes, und warum sollte er nicht in Gottes Auftrag die Wünsche der Menschen erfüllen, wenn es nur gute Wünsche sind?" Ich beruhigte mich bei diesem Argument.

Eines Abends steckte mir mein Freund Wilderich Graf Schall Riaucour einen kleinen Gegenstand in die Hand. „Das ist statt Blumen", sagte er. Es war ein kleiner goldener Fisch, der aus beweglichen Schuppen bestand, man hatte den Eindruck eines lebendigen Fisches. Ich hatte gerade vor einigen Tagen dieses Märchen wieder gelesen und war von dem sinnigen Geschenk fasziniert.

„Du ahnst gar nicht, welch große Freude du mir mit dem goldenen

Fisch gemacht hast, er ist mir in dreifacher Weise lieb. Zunächst repräsentiert er Christus. Die frühen Christen malten den Fisch an ihre Behausungen, das war ein geheimes Zeichen, daß sie Christen seien; sie trugen auch manchmal anstatt des Kreuzes den Fisch als Repräsentant Christi auf ihrer Brust oder auf ihrem Ring. Die Anfangsbuchstaben der Worte: »Jesus Christus, Gottes Sohn, Erlöser — Iesús Christós, Theóu Hyiós, Sotér« ergeben »Ichthys«, was auf Griechisch Fisch bedeutet; es ist der esoterische, der auferstandene Christus. Dann aber bedeutet er mir den heilbringenden Fisch des Tobias, den dieser unter der Assistenz des Erzengels Raphael, der, als Handwerker Asaria verkleidet, den Knaben auf der Wanderschaft begleitete, fing, mit dessen Eingeweiden er den bösen Dämon vertrieb und den blinden Vater heilte, es ist also ein heilender Fisch. Und schließlich ist es der goldene Fisch aus dem russischen Märchen, der den Menschen die Wünsche erfüllt. Ich danke dir für das köstliche dreifache Geschenk!"

„Du, das Märchen ist aber kein russisches Märchen, es ist ein deutsches, ein niederdeutsches Märchen vom »Fischer und siner Fru«, du kannst es bei Grimm nachlesen!" — „Wie schön, dann ist es für dich ein deutsches und für mich ein russisches Märchen, weil ich es zuerst zu Hause in meiner Sprache gehört habe. Ist es nicht schön, daß das gleiche Märchen in verschiedenen Ländern den Kindern erzählt wird?"

Der goldene Fisch begleitet mich überallhin, und manchmal lasse ich ihn an meinem Finger zappeln. Kurz vor Weihnachten suchte mich ein schönes Mädchen Petra auf, das manchen Kummer mit sich selbst und mit der Welt hatte. Im gegenseitigen Gespräch klärten sich manche Dinge und ich erlebte mit Freude, wie ernst sie an sich arbeitete und wie es ihr auch allmählich gelang, sich selbst nicht allzu wichtig zu nehmen. Sie sah das Fischchen und fragte danach, sichtlich war sie von seinem Anblick entzückt. Ich erzählte ihr davon. „Hat es Ihnen denn schon viele Wünsche erfüllt?", fragte sie. — „Ich weiß es nicht genau, ja und nein. Man hat doch viele Wünsche, erfüllbare und unerfüllbare, oder solche, an deren Erfüllung man nicht zu glauben wagt. Da schaue ich mir das Fischchen an und denke: »Sollst du es bitten?« — Aber dann denke ich: »Du Dummer, warum bittest du den Fisch? Diesen Wunsch kannst du dir doch selbst erfüllen!« Und so geht es immer. Bestenfalls frage ich den Fisch, bitte ihn aber noch nicht, und der Vorsatz gelingt." — „Haben Sie ihn also noch kein einziges Mal gebeten?" — „Ich glaube nicht, aber wissen Sie, seine Gegenwart und das Gefühl, man könnte ihn bitten, schafft eine seltsame Sicherheit."

168

In Balzacs Roman „La Peau de Chagrin" — Die Elenshaut — geschieht etwas Ähnliches: Ein Mann bekommt ein Stück Elenshaut. Er kann sich alles wünschen, doch bei jedem Wunsch wird die Elenshaut kleiner. Und er wünscht und wünscht sich Kleines und Großes, anstatt selber das Gewünschte zu erarbeiten, und so vergeht die Elenshaut und verschwindet. Dasselbe hatte auch die Frau des Fischers getan. Und schließlich zerbricht das Gebäude der Wünsche und wird zunichte.

Petra meinte: „Jeder Mensch sollte solch ein Fischchen haben."

Nach Weihnachten kam sie wieder und zeigte mir einen herrlichen goldenen Fisch, der an ihrem Hals baumelte. „Stellen Sie sich vor, als ich jene Geschichte von Ihnen hörte, war ich so davon angetan, daß ich sie meiner Mutter erzählte. Sie hörte aufmerksam zu und wurde rot dabei. Ich wunderte mich, warum sie rot wurde. Aber am Heiligen Abend lag unter dem Weihnachtsbaum dieser goldene Fisch. Und denken Sie, meine Mutter hatte ihn schon vor Wochen, ohne von der Geschichte zu ahnen, bei einem Juwelier in Hamburg gekauft. Glauben Sie jetzt auch, daß es der richtige goldene Fisch ist?"

AUSKLANG

Gewöhnliche und ungewöhnliche Dinge werden in diesem Buch berichtet. Eine Entmythologisierung des Engels? Vielleicht. Vielleicht auch nicht. Vielleicht ein Versuch, aus der materialistischen Verhaftetheit, aus dem unsinnigen Begriff des „Zufalls" hinauszugelangen in eine Welt, in der Gott lebendig und wirkend ist.

Gelegentlich sprechen wir davon, daß wir zu Gott beten, meist bitten wir ihn um etwas; manchmal sagt man, man suche Gott — das geschieht wohl hierzulande verhältnismäßig selten. Seltsam ist aber: wenn wir uns Gott zuwenden, dann müssen wir feststellen, sei es in der Bibel, sei es im Bereich des eigenen Lebens, *daß vielmehr Gott uns sucht,* daß er uns immerzu Mächte und Hilfen sendet und daß es nur an uns liegt, das zu begreifen und sie dankend und ehrfürchtig anzunehmen.

Ich habe es daher gewagt, Geschichten solcher Begegnungen, die ich als Engelsbegegnungen, als Begegnungen mit Boten deute, zunächst aus dem Bereich der Bibel, dann aber auch aus meinem eigenen Leben, aus dem meiner Familie und aus meinem näheren Bekanntenkreis aufzuzeichnen.

Jeder, der bereit ist, das Hintergründige im vordergründigen Geschehen zu erfassen, wird nun wohl nachträglich ungezählte Begegnungen in seinem eigenen Leben anders zu deuten wissen; denn jedem begegnen solche Boten, selbst unser Alltag ist voll davon.

Eines ist sicher: Für den, der all das als Zufall ansieht, bleiben diese Begebenheiten ohne Sinn und Zeichen. Dem aber, der in all diesen Erlebnissen die lenkende Hand Gottes erspürt, eine Hand, die nicht in die Zügel greift, die nur, wie eine Dirigentenhand, lenkt, dem wird das Leben reich und freudvoll, weil es bedeutungsvoll wird, weil er die Einwirkung Gottes in sein alltägliches Leben spürt; und es ist ihm wie in der Begegnung mit einem Freund: er erlebt sich aus solcher Gesinnung beschützt und bestätigt, und Freude erfüllt ihn.

Martin Buber erzählt in dem Buch „Gog und Magog" eine Geschichte von dem Rabbi Levi Jizschak. Dieser trifft auf einen Bauern, dessen Wagen umgefallen ist und der sich müht, ihn aufzurichten. Ohne den Rabbi zu erkennen, bittet er ihn, ihm zu helfen. Sie mühen sich beide ab, es geht nicht. Der Rabbi sagt: „Ich kann nicht." Der

Bauer schaut ihn streng an und sagt: „Du kannst wohl, du willst bloß nicht." Das trifft den Rabbi hart. Sie mühen sich wieder, und siehe, es gelingt ihnen, den Wagen zu heben. „Siehst du Bruder", meint der Bauer, „du konntest es doch!" Der Rabbi ist erstaunt. „Wieso glaubst du das?" — „Würde mir Gott dich in den Weg schicken, wenn er nicht eine Absicht damit gehabt hätte?" — „Meinst du denn womöglich, er habe den Karren umkippen lassen, damit ich dir helfe?" — „Was denn sonst, Bruder?"

So schließt sich der Kreis der Geschehnisse, wenn Gottes Gegenwart mit einbezogen wird.

Weitere Werke von Wladimir Lindenberg

Die Menschheit betet
Praktiken der Meditation in der Welt
7. Auflage. 234 Seiten mit 10 Tafeln. Leinen DM 18,–

Mysterium der Begegnung
5. Auflage. 256 Seiten mit 5 Tafeln. Leinen DM 18,–

Schicksalsgefährte sein . . .
Aufzeichnungen eines Seelenarztes
3. Auflage. 281 Seiten. Leinen DM 18,–

Jenseits der Fünfzig. Reife und Erfüllung
5. Auflage. 226 Seiten. Geschenkband DM 13,50

Gespräche am Krankenbett
5. Auflage. 134 Seiten mit Titelbild. Geschenkband DM 8,50

Über die Schwelle. Gedanken über die letzten Dinge
2. Auflage. 201 Seiten. Geschenkband DM 13,50

Briefe an eine Krankenschwester
3. Auflage. 139 Seiten. Geschenkband DM 8,50

Marionetten in Gottes Hand
Eine Kindheit im alten Rußland
5. Auflage. 246 Seiten. Leinen DM 16,–

Bobik im Feuerofen
Eine Jugend in der russischen Revolution
4. Auflage. 311 Seiten mit 1 Tafel. Leinen DM 18,–

Bobik begegnet der Welt
Reiseerlebnisse formen einen jungen Menschen
323 Seiten mit 2 Tafeln. Leinen DM 19,–

Bobik in der Fremde
Ein junger Russe in der Emigration
349 Seiten mit 3 Tafeln. Leinen DM 22,–

Wolodja. Porträt eines jungen Arztes
348 Seiten. Leinen DM 24,–

ERNST REINHARDT VERLAG MÜNCHEN/BASEL